感情に折り合いをつける仏教の言葉

院住職
廣栄

彩図社

はじめに

人は、様々な悩みや苦しみ、不安を抱えて生きています。悲しみや後悔、妬《ねた》みや怨《うら》み、そして日常のイライラ……。こうした心の苦しみを抱えて生きていくのが人間です。

もちろん、生きていくうえで経験することは、苦しみだけではありません。喜びや楽しみ、うれしいことや愉快なことなども人は経験します。ただ、どちらかというと、苦しいことや悩ましいことのほうが、多いと感じるのではないでしょうか。

こうした苦しみや悩みは、心の作用によるものです。つまり、感情です。怒りや悲しみ、妬みや怨み、後悔、イライラ。これらは、すべて「感情」からくるものです。その感情をうまくコントロールできないと、人は苦しみのどん底に落ちてしまい、抜け出すことが困難になるのです。

お釈迦《しゃか》様は、自分のことを、

「私は、心の病を治す医者のようなものだ」

と言っています。つまり、仏教は、心の苦しみを和らげてくれる教えであり、感情をうまくコントロールできるようになるための教えでもあるのです。

本書は、悩みや苦しみの感情と折り合いをつけるのに役立つ、仏教の言葉を紹介していきます。それぞれの言葉に関係する仏教の価値観や逸話も、解説として加えました。

さて、あなたを悩ませ、苦しませている心の働き――感情――がどんなものであるにせよ、その対処方法が、本書で説く仏教の言葉のどこかに当てはまるのではないかと思っております。

なお、本文の仏教の言葉は、現代の皆さんにもわかりやすいように現代語に訳してあるところがあります。どうかご了承くださるよう、お願いいたします。

ぜひ、最後まで本書を読んでいただき、あなたを悩ませる感情にうまく折り合いをつけてください。あなたにぴったりな仏教の言葉がきっと見つかるでしょう。

合掌。

感情と折り合いをつける　仏教の言葉【目次】

はじめに　2

第1章　イライラ・怒りとの向き合い方

01「他人のことをイチイチ口出しするのは止めよう」　16
02「他の人がしたこと、しなかったことを見て、イライラするのはバカげている」　18
03「理解力のない者や、理解しようとしない者に何を言っても始まらない」　20
04「怒りを振りまく相手には、黙ってその怒りをやり過ごすのが最もよい」　22
05「反発しても仕方がない。悪いマナーをまねすれば自分が汚れる」　24
06「粗暴な言葉は慎もう。言われた方は、イラッとするし、怒りが湧いてくる」　26
07「他人の悪口を言わず、損なわず、戒律を厳守し、食事の節度を知り、孤独に坐臥し、最高の思惟に専念すること、これが目ざめた者たちの教えである」　28

08「鉄から生じた錆が、鉄を蝕み損なうように、
自分の犯した罪で、自分を損なっていくのだ」 30
09「無知で愚かな者は、世の中に迷惑をかけるような
悪行をするが、それは自滅的行為である」 32
10「自分でやってしまった悪い行いは、自分の責任である」 34
11「他の人ができているのに自分ができないからと言って、
焦ったりイラついたりする必要はない。 36
12「勝てば勝ったで怨まれる。負ければ負けたで嫉妬する」 38
13「もし、あなたに能力があるのなら、
あなたを理不尽に苦しめる相手は、あなたにとっての菩薩かもしれない」 40
14「人を怨んだり、八つ当たりしたりすることも悪いことだが、
心が悪に支配されることのほうが、もっと悪い」 42
15「イライラや怒りをしっかりコントロールしないと、周囲から孤立してしまう」 44
16「怨みを静める唯一の方法は、怨むことを止めることだ」 46
17「避けるべきことを教えてくれる人や、
叱ってくれる人と出会うことは、貴重なことである」 48

18「自分ですら自分のものではないのに、
どうして子どもや財産が自分のものと思うのか？」 50
19「年を取っているからといって、立派なわけでもないし、尊敬されるわけでもない」 52

第2章　不安との向き合い方

20「総合的に見れば、この世で生きることは苦しみである」 56
21「自分こそ、自分自身の主である。自分こそが、頼りなのだ」 58
22「取るに足らないものごとに従ってはならぬ」 60
23「真実でないことを真実と思い込み、真実であることを
真実ではないと思い込む者たちは、真実を知らずに、嘘の世界に住むこととなる」 62
24「心に貪欲なく、心乱れることなく、善悪を捨て、目覚めた者に怖れはない」 64
25「渇望に満たされた人びとは、縛られたウサギのように逃げまわる」 66
26「多くの人は、悩みの中に暮らしている。
もし、できるのなら、我々は悩みなき安らかな生活をしよう」 68

27 「愛着も過ぎれば苦しい炎を燃やすことになる」 70
28 「真面目にコツコツとやるべきことをやる人、怠けることを恐れる人は、安定している」 72
29 「何の努力もしないで、的外れな祈願《きがん》をしても意味がない」 74
30 「あなたはみずから自身の依り所をつくれ」 76
31 「激しく厳しくやり過ぎても苦しいだけである。
かといって、緩やかになりすぎれば怠けになってしまうだろう」 78
32 「耐え忍ぶことは、自分を鍛える最上の修行である」 80
33 「行う価値のない教えを学ぶことはない」 82
34 「愚かな者ほど、いい評判を望み、尊敬を望み、支配したがり、接待されることを望む」 84
35 「徳行と見識をそなえ、行い正しく、真実を語り、
自分のなすべきことをなす者を、人々は愛する」 86
36 「もしも旅をしていて自分より勝れ、または等しい者に会わないであろうならば、
断乎として一人で行くがよい。愚か者と連れになることはない」 88
37 「ルールとマナーを守ろう。そして、それを周囲にも教えよう」 90
38 「高貴な人を見ることはよいことである。高貴な人と共に暮らすのは常に楽しい。
愚か者を見なければ、常に安楽となろう」 92

39「健康は最上の利益、満足は最上の財産、
信頼は最上の縁者、心の安らぎは最上の幸福である」 94
40「幸が熟さない限り、たとえ善き者といえども悪を経験する」 96
41「善の報いは軽くはない。水滴が水がめを満たすように、
善の報いがたまったときは、善で満たされるのである」 98
42「誰でも安全で安心な人生を望むものだ。しかし、まれに他の人を暴力で支配し、
自分の安楽を得ようとする者がいる。こういう者は、死後、安らぎを得ない」 100
43「悪を欲してはいけない。苦悩は悪の蓄積なのだから」 102
44「いったいあなたは何のために来たのか？」 104
45「勝れた医者にとっては、道にある草などはすべて薬になるとわかる」 106

第3章 嫌気・面倒くささとの向き合い方

46「心は不安定で、いつも揺らぎ、悩み、イラつき、
自分でコントロールしがたいものである」 110

47「心とは、なかなか止めることができず、勝手気ままで、わがままなところがある」 112
48「心に迷いがあると夜が長い。疲れているとちょっとしたことでも嫌になる」 114
49「己こそ己の主である。他の誰がまさに主であろうか」 116
50「運河づくりの技師たちは水を導き、弓作りをする者たちは矢をまっすぐにし、木工たちは木を整える。賢者は己を整える」 118
51「過去・現在・未来において、非難されるだけ称讃されるだけの人はいない」 120
52「語に気をつけ、心をよく制御し、体で悪をなさないという、この三つの行為の道を清らかにするならば、聖仙によって説かれた道を得るであろう」 122
53「人は、他人の過失を言いふらすけれど、自分の過失はごまかしたり隠したりする」 124
54「みずから散漫にもっぱらで、瞑想することなく、ためになることを捨て、逸楽をとらえる者は、みずから瞑想する者を羨む」 126
55「妬み、物惜しみ、狡猾な者は、ただの口先によっても美容によっても、尊敬すべき人とはならない」 128
56「他人があなたを汚したり、清らかにしたりするのではない」 130
57「恥を知らずに安易に生活し、カラスのように勇ましく、傲慢で、大胆で、厚かましく、汚れて生きる者は、生活し易い」 132

58「本当の偉い人・公正な人は、利益と不利益をよく考え、賢く行動するものだ」134

59「勝れた人は、相手に話をするときに、その人の能力に随って、話の内容を変える」136

60「多くの人に打ち勝つよりも、自分自身の弱さや悪い誘惑、欲望に打ち勝つ者のほうが勝れている」138

61「食べることばかりやゴロゴロするばかりで、何もしないような愚鈍な者は、家畜のブタのようになり、迷いの世界から抜け出せない」140

62「目もあやな美しさをもっている花に匂いがないように、よく説かれたことばも実行されなければ無益である」142

63「梵行を行わずして、若いときに財富を得なかった者たちは、あたかも魚のいない池における老いた鷺《さぎ》どものように死滅する」144

64「お金の雨を降らせても、人間の欲望が満足することはない」146

65「怠りなきことは永劫の生の住居、死の住居である」148

66「あなたがたは不放縦を喜べ。あなたがたは自身の心を守れ」150

67「怠けは怠けを呼び、自らをスカスカなダメ人間にしてしまう」152

68「若くて力があっても、やるべきときに何もせず、何も考えない、意思もない、

何の思想もない、ただ怠けて過ごす者は、智慧がないから、そこから抜け出せないのだ」 154
69「以前のように怠けない者は、あたかも雲から離れた月のように、この世の中を照らす」 156
70「自分の所得を買いかぶるな。他の者たちをねたむな。
他の者たちをねたむ托鉢者は、心の安まることがない」 158
71「自分は賢い、優秀だ、できる人間だ、などと自惚れている人は、正真正銘の愚か者である」 160
72「「何でも自分の思いどおりになる」と思ったりするのは、
愚か者の思いであり、欲望と自惚れの何ものでもない」 162
73「賢く、智慧あり、広く学び、忍耐強く、礼儀正しく、高貴で、聡き人に従え」 164
74「勝手気ままな人は、欲望も多く、気移りが激しい。そういう人は、
まるで猿のように、あちこちで欲望を振りまき、気まぐれに行動をする」 166
75「友人は選ぶべきだ。悪い友人と一緒にいると、自分も悪くなる」 168

第4章 後悔・悲しみとの向き合い方

76「世の中の浮ついた流れから抜け出る者だけが、安楽に至ることができるのだ」 172

77 「善いことをした者は、この世でも死後でも喜びを得ることができる」 174
78 「やってはいけないこと、自分のためにならないことをやりたくなってしまうのが人間だ」 176
79 「誰でも打たれ強くはない。この世の中において、誰もが誹謗中傷を気にかける」 178
80 「ひとかたまりの岩が風に揺るぐことがないように、賢者たちは誹謗と賞讃の中にあって動くことがない」 180
81 「他の人のためであっても、たとえそれがとても重要なことであっても、自分のやるべきことを捨ててはいけない」 182
82 「やってしまってから嘆いても後悔しても遅いのだ」 184
83 「誰でも暴力を振るわれることは嫌だ。誰だって本当は生きたいものだ」 186
84 「無意味な語からなることばは、たとえ千あるにしても、聞いて静まりを得る一つの有益な語のほうがすぐれている」 188
85 「黙っていても非難されるし、沢山しゃべっても非難されるし、少しだけしゃべっても非難される。世の中に、非難されない人はいない」 190
86 「もし、善いことをするならば、これは何度もしたほうがいい」 192
87 「人は、いろいろな苦悩から逃れるために、山や海や森林、憩いの地、神社仏閣などへ行く。

しかし、それは、一時的には癒やしてくれるが、最上の依り所ではない」 194
88「事が起こるときに連れがあるのは楽しい。満足するのは、いずれにしても、楽しい」 196
89「多くのことを語れるからと言って、賢いとは限らない」 198
90「他人を苦しめて、自身の安楽を望む者は怨《うら》みの絆に結ばれて、
かれは怨みより抜けられない」 200
91「非難されたならば、耐えることも必要だ」 202
92「深すぎる情愛から心配事や悲しみ、憂い、苦しみが生まれる」 204
93「空でも海でも山の中でも、どこに行っても、
この世界で死がやってこない場所は、どこにも存在していない」 206
94「遺骨に、その人の「我」はない。遺体に、その人自身はもういない」 208
95「悩みや苦しみを経験しなければ、大事なことは得られない」 210
96「孤独の味わい、静安の味わい、
真理の喜びの味わいを味わうならば、怖れもなく、過ちもない」 212
おわりに 214

第1章

イライラ
怒りとの向き合い方

01

他人のことをイチイチ
口出しするのは止めよう。
それは心の汚れの元となる。
早く止めないと、
汚れが消えなくなってしまうだろう。

（『法句経 汚れの章253』より）

何かと口出ししてくる人っていますよね。「それじゃダメだろう」とか「そうじゃないでしょ」とか、やる前から手出し口出しする人です。周囲にそういう人がいると、もう災難でしょう。

そういう人は、相手にしないほうが懸命です。言い返せば、「あなたのために言っているのに」と、逆襲されます。親切の押し売りをされます。そんな人に何を言っても無駄ですし、言い返すだけ虚しくなります。

いいのです。放っておきましょう。そういう人は勝手に心がどんどん汚れていくのです。その汚れは、自分の行為を改めない限り、消えません。自分が他人に迷惑をかけているという発想は、できないのです。

もちろん、知恵や助言を授けてくれる人には、耳を傾けるべきです。問題は、心の汚れに無自覚な人間です。そうした人はいずれ、誰からも相手にされなくなるでしょう。私の身内にもそういう人がいましたが、返事だけして知らないふりをしていたら、いつの間にかいなくなりました。よそで同じことをして、そこでも嫌われるのでしょう。そういう大人にはなりたくないものですね。

02

他の人がしたこと、
しなかったことを見て、
イライラするのはバカげている。
人のことなど、どうでもいいのだ。

（『法句経　花の章50』より）

他人のことは、端《はた》から見ているとよくわかるものです。特に、やらなきゃいけないことをしない、やってはいけないことに手を出す姿は、本当によく目につきます。見ていてイライラすることもあるでしょう。

そういう話を聞く度に、私は「そんなこと見なきゃいいのに」と言います。人のことなんてどうでもいいことです。その人が何をしようが、何をしなかろうが、受け取る自分が気にしなければいいことです。もし、自分に我慢できないほどの影響があるならば、やんわりと注意すれば済むことです。

確かに、他人の言動でイラッとすることはありますが、それはその瞬間だけではないでしょうか。あとは「どうでもいいや」「哀れな人だな」と思えばいいのです。イライラを引きずってはいけません。相手に期待してはいけません。

それより自分はどうなのか、考えることが大事です。自分もあんなことをやっていないだろうか、と振り返ってみることが大切です。他人は変えられませんが、自分は変えられます。まさに、「人の振り見て我が振り直せ」です。

03

理解力のない者や、
理解しようとしない者に
何を言っても始まらない。
そうした者は、
酔っ払いのような者であるから。

（弘法大師『般若心経秘鍵』より）

街中で酒を煽り、夜遅くまで騒いでいる者がいれば、誰でもイライラしてしまいます。しかし、彼らに何を言っても通じないでしょう。注意でもすれば、暴力を振るわれるかもしれません。酔い狂った者には、何も通じません。

同様に、聞く気がない者にいくら注意しても通じません。上司が部下に聞いているのかと語気を強めれば、パワハラだとか言われてしまいます。聞く気がない者は、深く眠っている者と同じように、外部の言葉は入ってこないのです。

私のお寺に相談に来られる方の中にも、稀ですが、聞く耳を持たない方がいます。ああ言えばこう言う、方法を示せば「それは無理、できない」と拒否する。何をしにきたのかと尋ねれば「よくわかりません」と、まるで話になりません。イラついても損なので、お帰りいただくしかないですね。

聞く耳を持たない者は、酔いが醒《さ》めるまで、つまり聞く気になるまで放置しておくのがベストでしょう。どうしようもなくなれば、聞く耳を持つようになるでしょう。気長に待つことです。待つことも大事なのです。

04

怒りを振りまく相手には、
黙ってその怒りを
やり過ごすのが最もよい。
辛いかもしれないが、
耐え忍んで怒りが過ぎ去るのを
待つほうが早道だ。

（『法句経　対句の章6』より）

怒りが爆発している人には、何を言っても通じません。正論で返しても、火に油を注ぐようなものでしょう。最悪の場合、暴力沙汰に発展します。

いさかいは、言い争いから始まることが多いですね。怒りの爆発により、相手を責めることから始まります。友人や同僚、よく知らない人から怒りをぶつけられれば、つい反論をすることもあるでしょう。こちらが言い返せば、あちらも言い返し、その繰り返しによりヒートアップします。

そんなときこそ怒りに飲まれるなと、お釈迦様は説きます。ここはグッとこらえて耐え忍んで、「すみませんでした」と言ってしまえば、いさかいは大きくならずに終わります。

そうなればこっちのものです。逃げてしまえばいいのです。嫌な思いも痛い思いも受けなくて済みます。それでは口惜しいという方は、心の中で相手を哀れみ、気持ちをなるべく早く切り替えるようにしましょう。

怒っている相手には、何を言っても通じません。そういう人間は相手にするだけ無駄ですから、黙ってやり過ごしてしまいましょう。

05

反発しても仕方がない。
悪いマナーをまねすれば自分が汚れる。
物惜しみするより
与えると気持ちがいい。
本当のことを言えばウソは消える。

（『法句経　怒りの章223』より）

怒っている人に遭遇したら、沈黙が最も有効な手段です。いずれ相手の怒りは底をついて、黙ることになります。

本当の勝利者は、怒りに対し怒りで返しません。大事なのは、相手と同じ土俵に立たないことです。

相手と同じ土俵に立たなければ、他人に流されマナー違反をすることもなくなります。小さいことでもマナー違反を繰り返せば、すぐに迷惑な人間になってしまいます。そうなれば周囲から疎んじられ、適当にあしらわれるでしょう。自分を律し、悪に対して善を行うことで、怠ける自分に打ち勝つのです。

「悪いマナー」に従わなければ、すがすがしい気持ちになれるものです。同様に、物惜しみするより与えたほうが、気持ちがいいものです。

周囲は妬んで根拠のない噂話を流すかもしれませんが、そんなときは真実の自分を見せるのが効果的です。ウソは真実の前に消えるものです。

怒りに対しては許しと沈黙で、愚かさに対しては智慧《ちえ》で、貪りに対しては与えることで。まるでへそ曲がりですが、へそ曲がりも時には有効なのです。

06

粗暴な言葉は慎もう。
言われた方は、イラッとするし、
怒りが湧いてくる。そこから、
争いが生まれることもある。

（『法句経　暴力の章133』より）

やわらかい言葉や丁寧な言葉は、聞いていて気持ちが安らぎます。

一方、横柄な言葉遣いや威張った口調、暴力的な言葉を聞けば、イライラしたり、怒りが湧いてきたりします。時には言い返したくなりますよね。しかし、売り言葉に買い言葉で言い争いになり、下手をすれば暴力沙汰になってしまいます。

仏教では、言葉による行いを「口業《くごう》」といい、清らかにすべきと説きます。汚い言葉、粗暴な言葉、怒りの言葉などは、相手を不快にするだけです。言葉の内容は、相手には決して伝わりません。いくらイラついていても、いくら腹が立っていても、言い方を間違えれば、争いしか生まれないのです。

自分の意志を伝えたいのなら、決して怒らず、優しく丁寧な言葉で伝えるほうが、効果は抜群です。感情にまかせて怒鳴りつけても、相手に内容は伝わりません。

言葉に気をつけるということは、一度冷静になって感情を整理することにつながります。感情を整理してみると、案外、怒るほどのことではないなと思い直すかもしれません。そのほうが、心にとっては健全ではないでしょうか。

07

他人の悪口を言わず、
損なわず、戒律《かいりつ》を厳守し、
食事の節度を知り、孤独に坐臥《ざが》し、
最高の思惟《しゆい》に専念すること、
これが目ざめた者たちの教えである。

（『法句経　目覚めた者の章185』より）

他人の悪口を言えば、品位が落ちます。その場は盛り上がるかもしれませんが、悪口を言い出した人は、影で軽蔑されるかもしれません。

また、周囲に迷惑をかける人も嫌われ、軽蔑される原因となります。ルールやマナーを守らない人は、社会からつまはじきにされてしまうものです。

お釈迦様の時代から、仏教にも守るべきルールがありました。それを「戒律《かいりつ》」といいます。ルールなんて面倒だ、世間から嫌われようが自分の望むように生きていくのだ、と思っても、いざ実践してみると、意外と窮屈な思いをするものです。

いろいろな壁に直面して、イライラが多くなるでしょう。自分勝手な生き方は、社会の流れに逆らっているのですから、うまくいかなくて当たり前なのです。

ストレスなく生きたい方はむしろ、社会の流れに身を任せたほうが、賢い選択といえるのではないでしょうか。そのうえで右の言葉を守れば、自己を高めることができます。流れに身を置きつつも、やるべきことを意識し実践する。そうすれば心の疲れが少なくなり、イライラや怒りから解放されるはずです。

08

鉄から生じた錆《さび》が、
鉄を蝕《むしば》み損《そこ》なうように、
自分の犯した罪で、
自分を損なっていくのだ。

（『法句経　汚れの章　240』より）

仏教語に「自業自得」という言葉があります。本来の意味は、「善いことであれ、悪いことであれ、行為の結果は自分にやってくる」です。「業」は「罪」といった悪い意味で使われることが多いですが、本来は「行為」のことです。

仏教では、ひどい目に遭ったとしても、すべて自分の責任である、すべて自業自得だ、と説きます。そう聞くと、「仏教って、なんか冷たい、突き放している」という印象を持つかもしれません。

ただ、ここで説いていることは、自分を損なうような行為をしたら、ひどい目に遭うのだ、ということです。いわゆる「身から出た錆《さび》」ですね。

人は、ものごとがうまくいかないとき、ついついふて腐れることがあります。そんなときは、うまくいかないことを他人のせいにしたり、運が悪いのだと言い訳したりします。しかし、よく考えてみてください。果たして、本当に他人のせい・運のせいでしょうか？　どこかに自分で誤った行為はなかったでしょうか？

まずは状況を正しく見極めましょう。そのためには、自分の行為の正当性にも客観的に目を向け、冷静な判断を下す必要があります。

09

無知で愚かな者は、
世の中に迷惑をかけるような
悪行をするが、
それは自滅的行為である。

（『法句経　愚か者の章66』より）

人間なら、イライラして、何かに八つ当たりしたくなることもあります。若者なら、自分を抑えられずに公共物を壊したり、大声で叫んだりするかもしれません。大人になってから怒りを周囲にぶつける人も、昨今は珍しくありません。

こうした行為は、無知から起こります。自分がしている悪行の報いを、その人は知らないのです。

悪行をなした報いは必ずやってくると、仏教では説きます。これを「悪因悪果《あくいんあっか》」といいます。言動がいきすぎれば法の裁きを受けますが、悪行の報いは別のかたちでもやってきます。

当人は、自らの行ないは間違っていないと正当化するのかもしれませんが、都合のいい正当化は、心の弱さが引き出すものです。弱い心はいずれ、自らの悪行を思い出させ、後悔の念を生み出すでしょう。

イライラして周りを傷つけてしまえば、自滅の道を進んでしまいます。誰かに責任転嫁をしてもやましさは消えず、イライラは解消されないでしょう。あなたは同じ行動をとらないよう、ぜひ慎重になってください。

10

自分でやってしまった悪い行いは、
自分の責任である。
そうした悪い行いは、
結局、自分を苦しめることになる。

(『法句経 己の章167』より)

イライラして、怒りにまかせて、他人やモノに当たったりしたことはないでしょうか？「ある」と答える人は、少なくないと思います。私も経験はあります。人間ですから、時にはそうしたことがあっても仕方ないと思います。

問題は、八つ当たりの結果に責任を持てるかどうか、です。失うものが大きいと気づいたとき、責任から逃げ出したくなりますが、すべて自分が行ったことです。いくら言い訳しても、どうしようもありません。悪いのは自分です。そのことを認められないうちは、苦しみから逃れられません。

仏教では、行為のことを「業《ごう》」といいます。業は3種類あります。体に関する行為は「身業《しんごう》」、発言に関するものは「口業《くごう》」、意志に関するものは「意業《いごう》」です。よい業はよい結果を、悪い業は悪い結果をもたらします。イライラに耐えられないという悪い意志を抱けば、公共物を壊すといった悪い行動につながる、その悪い行為の結果、法で裁かれたり責任を追及されたりする、という具合です。

自分の行ないがどのような結果をもたらすのか、考えることが重要です。言動には責任が生じることを、忘れてはいけません。

11

他の人ができているのに
自分ができないからと言って、
焦ったりイライラついたりする必要はない。
なぜなら、誰もが能力が
一緒とは限らないからだ。

（弘法大師『般若心経秘鍵』より）

右の文の原文は、「機根《きこん》不同《ふどう》にして性欲《しょうよく》即ち異なり」といいます。「機根」とは、その人の能力のことです。機根は人それぞれ異なります。運動が得意な人もいれば、勉強が得意な人もいます。得意な運動、得意な勉強も人それぞれです。一を聞いて十を知る者もいれば、十を聞いてもぼんやりしている者もいます。それが個性というものです。

「性欲」という語もありますが、これは「性的欲求」のことではありません。「人それぞれの性質や性格によって求めるもの」という意味です。「性欲が異なる」とは、人によって目標や欲しいもの、なりたいものなどが異なるのだ、という意味です。

能力が異なるのに、自分にできないことを責め続けたとしても、意味はありません。そんなことをしていては、責め苦をずっと受けなければいけません。それなら考え方を変えるほうがいいでしょう。単に自分に合っていない、と気持ちを切り替えて、自分の能力は別なところで発揮されると思ってみてはいかがでしょうか。

人は皆違います。無理に合わせることもありません。自分にできることをすればそれでいいのですよ。

12

勝てば勝ったで怨《うら》まれる。
負ければ負けたで嫉妬する。
勝敗を争うなんて馬鹿馬鹿しい。
勝敗を捨てれば、安楽になる。

（『法句経　静安の章201』より）

ライバルは、自己を向上させてくれます。勝敗を競い合い、互いに成長していくのは健全だと思います。しかし、自慢や他者を見下す心があると、話は別です。

勝利したことを自慢したり、そのことで他者を見下したりすれば、途端に怨《うら》みを買います。負けた側も「何であんなヤツに負けたかな」と自分が惨めになり、悩み苦しむかもしれません。勝ち負けは、当事者の態度で大きく意味が変わるのです。

勝利者となっても、決して慢心してはいけません。慢心すれば、それ以上成長しなくなります。これを仏教では「増上慢《ぞうじょうまん》」と言います。増上慢になれば、悟りはほど遠くなってしまいます。

勝敗がもたらす心の変化にとらわれすぎれば、心はイライラに支配されてしまいます。増上慢にならないためには、勝敗にこだわらないことです。勝っても負けてもどうでもいいじゃないか、と思えば、たとえ勝利したとしても自惚れることはないし、負けても嫉妬することはないでしょう。

結果にこだわらない気持ちが、安楽をもたらすのです。

13

もし、あなたに能力があるのなら、
あなたを理不尽に苦しめる相手は、
あなたにとっての菩薩《ぼさつ》かもしれない。

（『維摩経』より）

少し空想的に考えてみましょう。ヒーローやヒロインは、敵と必ず戦います。というか、敵がいなければ、ヒーローやヒロインは、成立しません。ということは、敵はヒーローやヒロインにとって、大事な相手なのですね。

もし、あなたが職場や身近な人間関係などで理不尽な目に遭い、イライラしているならば、理不尽な行為をする人は、あなたにとって敵でしょう。ということは、あなたにヒーローやヒロインになるチャンスが巡ってきた、ということです。きっと、その敵が強敵であればあるほど、あなたが打ち勝ったときの報いは大きいでしょう。そうした壁に直面することで、あなたは成長していくのです。菩薩《ぼさつ》が人々を救うために手を指しのべるのと、同じ働きなのです。

菩薩は、いろいろな手段――方便といいます――を使って、人々を育てていきます。魔王のような理不尽な攻撃を仕掛けてくる上司や同僚がいたら、菩薩《ぼさつ》による試練かもしれません。思えばお釈迦様も、マーラという悪魔の誘惑に打ち勝って悟りを得ることができました。目の前の敵を倒したときに得られるものはきっと大きいと思えば、イライラすることもなくなるのではないでしょうか。

14

人を怨《うら》んだり、
八つ当たりしたりすることも
悪いことだが、
心が悪に支配されることのほうが、
もっと悪い。

（『法句経　心の章42』より）

仏教の言葉に「三毒《さんどく》」というものがあります。貪《とん》・瞋《じん》・痴《ち》のことをいいます。貪とは貪りの心です。満足を知らず、もっともっと……という心ですね。瞋とは怒り、妬《ねた》み、怨《うら》み、羨みに執着した心です。痴とは愚かなこと、他者の忠告や言葉を受け入れない、自分に凝り固まった心のことです。

三毒は、苦しみを生む根源的な、もっとも避けるべき感情です。三毒に心が侵されることは、イライラや怒りにまかせて人を怨むよりも、悪い状態なのです。

三毒に心が侵食されると、もう取り返しがつきません。自分の欲望を、何が何でも達成しようとする貪欲さ。他人を妬み、怨み、怒りをぶつけ、陥れようとする心。周囲に全く耳を貸さず、自分勝手に振る舞う態度。そうなってしまっては、もう遅いのです。後戻りはできません。

他人に対して、怒りの心がいつまでも続く、怨みが忘れられない、どうしても許せない……と思うようになったら、三毒に侵されつつあるのかもしれません。軽い症状のうちに三毒に向き合うことをおすすめいたします。心の在り方や言動を振り返ってみましょう。

15

イライラや怒りをしっかり
コントロールしないと、
周囲から孤立してしまう。

（『法句経　怒りの章222』より）

インドの昔話です。居酒屋で二人の男が仲間のことを話していました。

「あいつは本当に怒りっぽいよな」

「あぁ、ちょっとしたことで怒り出し、止まらなくなる」

「自分を抑えることができないんだよ。あんなやつとは、付き合わないほうがいい」

そばに、非難されている男の友だちがいました。彼はすぐに非難された男のもとに行き、告げ口をします。それを聞いた男は、顔を真っ赤にして居酒屋へ駆け出し、ものすごい剣幕で怒りました。すると非難していたひとりが言いました。

「な、こいつは怒りっぽいだろ。こうやってすぐに怒るんだ」

それを聞いた居酒屋にいた他の客は、大爆笑したのでした。

あまり怒りっぽいと、周囲の人たちは陰で何を言っているかわかりません。嫌われていずれ孤立することもあるでしょう。

しっかり自分をコントロールすることが大切です。確かに怒りたくなることもあるでしょう。イライラすることもあるでしょう。でも、そこをグッとこらえて、にこやかにしたほうが好かれるのは、間違いありません。

16

怨《うら》みを静める唯一の方法は、
怨むことを止めることだ。

（『法句経　対句の章5』より）

欺《だま》されたり、ひどい目に遭ったりすると、人はその相手を怨《うら》みます。できれば復讐したいと思います。自分よりもひどい目に遭えばいい、と望むのも当然のことかもしれません。しかし、その思いに嵌《は》まってしまったり、実際に復讐したりすると、さらなる苦しみに苛《さいな》まれるでしょう。

憎い相手に復讐を果たせば、そのときはさぞ気分はいいでしょう。しかし、復讐された者は、きっとあなたを怨み、復讐しようとするでしょう。復讐は、再び復讐を呼ぶのです。そこに終わりはありません。この連鎖からは、なかなか脱けることができません。嵌まってしまえば、人の心を壊してしまうのです。

この連鎖から抜け出す唯一の方法は、連鎖から降りることです。そんなこと簡単にできないと思うかもしれませんが、仏教では、怨んでも仕方がない、という考え方をします。怨みにとらわれてプラスにはたらくことは何もありません。もう、どうでもいいや、と思い、怨みや復讐をやめてしまうことです。

怨むという行為は、過去にとらわれるということでもあります。それでは幸せは来ません。幸せを願い、明るい未来に期待をしてはいかがでしょうか。

17

避けるべきことを教えてくれる人や、
叱ってくれる人と出会うことは、
貴重なことである。
そうした人は、大切な宝の在《あ》りかを
教えてくれる人だからである。

（『法句経　賢者の章76』より）

「それはやめたほうがいい」「その道は間違っている、いい加減にしないか」と口を挟まれると、イラッとしますよね。イチイチうるさいと、叫びたくもなります。面倒な相手なら、無視をするなり適当にあしらえばいいでしょう。でも、よく考えてみてください。そうした意見はすべて、間違っているでしょうか？

もちろん、的外れな意見や叱責もあると思います。嫉妬で言っているんじゃないのと思うことや、深く考えていないような意見もあるでしょう。しかし中には、自分では気づかない欠点を注意してくれる、貴重な人もいるかもしれません。

私のところに相談に来られる方は、二通りいます。私が説いたことに従う人と、逆らう人です。その道には進んではダメでしょう、と説くことも多くあります。意地悪で行く手を阻もうとしているわけではありません。そっちは危ない道だよ、と言っているだけです。

最終的に決めるのはご自身ですから、強制はできませんが、人から言われたことは頭ごなしに否定するのではなく、まずは素直に聞いて、よく考えて欲しいですね。あなたにとって大切な宝物の在《あ》りかを教えてくれているのかもしれませんから。

18

自分ですら
自分のものではないのに、
どうして子どもや財産が
自分のものと思うのか？

（『法句経　愚か者の章62』より）

近年はニュースを見ていると、児童虐待の報道が増えた印象があります。実際、児童相談所における相談件数は、20万件を超える年もあるようです。

実は私のお寺にも、親子関係に悩んで相談に来る方が増えています。親側の多くの方が、「ウチの子どもなんだから、何したって勝手だろ」と言います。

しかし、子どもは親の所有物ではありません。自分の子どもだから自分の自由にしていい、というのは、子どもの人権を無視していることと同じです。

財産に関しても、「私には財産があるのだ」と胸を張る方がいますが、私には、なぜ威張るのかわかりません。自由にすべてを使えるわけでもないし、死んであの世に持っていけるものでもありません。むしろ、その財産で子孫が揉めるかもしれません。また、財産が目減りしたりすれば、悩みの種になるでしょう。

「自分のことですら自分では自由にできない。なのに、自分以外のものが自由にできるというほうが愚かしい」

と、お釈迦様は説きます。どうか、皆さんは愚か者にならないように、お気をつけください。

19

年を取っているからといって、
立派なわけでもないし、
尊敬されるわけでもない。
尊敬できない老人も多々いるのだ。
そういう老人は、
ただ年を取っただけの老人である。

（『法句経　公正な人の章260』より）

「老害」という言葉が世間で言われるようになったのは、いつのことでしょう。２０２０年には検挙された犯罪者のうち、高齢者の割合が22％ともっとも多かったそうです。高齢者による問題行動は、もはや社会問題となっています。

私のお寺にも、お年寄りとの接し方に悩んで来られるご家族の方がいます。一緒に問題の御老人もやってきます。大抵は、家庭内での傍若無人が問題になっています。「わしの言うことを聞けないのか」「この家で一番偉いのはわしだ」「わしの言うことが聞けないのなら出ていけ」などなど、言葉の暴力が横行しているのです。

そういう場合、私はその御老人に、今まで何を学んできたのか、威張ることだけで生きてきたのかと問いかけます。

大抵の場合、この問いかけに顔色が変わり、何も答えられません。右のお釈迦様の言葉も伝えます。そして問いかけます。「あなたは尊敬されるような人ですか？」と。

尊敬されたければ、それなりの言葉や行動が大事です。時代の変化を理解し、他人に余計な口出しをしないで、自分の楽しみを見つけ、老後を楽しめばいいのです。そう考え行動できたなら、「老害」などとは言われないと思います。

第2章

不安との向き合い方

20

総合的に見れば、
この世で生きることは
苦しみである。

（『阿含経』より）

この言葉は、いわゆる「四苦八苦」のことです。

四苦八苦とは、生老病死の四つの基本的な苦しみと、愛別離苦《あいべつりく》・怨憎会苦《おんぞうえく》・求不得苦《ぐふとくく》・五蘊盛苦《ごうんじょうく》の精神的な四つの苦しみを加えた、八つの苦しみのことです。人は生きていくうえで、多くの苦しみを味わうことになります。この世は基本的に苦の世界だと説くのが仏教です。

ですが、この世は苦の世界だと嘆いているだけでは、何も始まりません。むしろ、現状を認識することから、苦からの脱却が始まります。

この世は苦の世界、それが当然だ、当たり前のことだとみなしたら、どうでしょうか。誰もが同じ状況、同じ環境にいるのです。苦しみは自分ひとりが経験するものではありません。そう思えば、苦も苦でなくなるのではないでしょうか。

四苦八苦の苦しみは、誰にでも、当たり前に起きることです。それを受け入れず、自分だけが苦しい、辛いと思うから、苦しいのではないでしょうか。あって当たり前のこととの受け入れを拒否せず、素直に認めてしまうこと。それが、四苦八苦から救われる第一歩だと思います。

21

自分こそ、自分自身の主である。
自分こそが、頼りなのだ。
馬の商人が馬を制御するように、
自分自身をコントロールすることだ。

（『法句経　托鉢者の章380』より）

よく他人の言葉に振り回される方がいます。他人の「あれはいいよ」という言葉を鵜呑《うの》みにし、ホイホイのってしまう……。あなたの周囲にもこういう人っているのではないでしょうか？

他人の言葉に振り回される人は、自分自身で考えることを、無意識に避けているのかもしれません。考えるということが身についている人ならば、他人の言葉を鵜呑みにせずに、一度立ち止まって自分の頭で考えるのではないかと思うのです。

お釈迦様は、涅槃《ねはん》に入る前（亡くなる前）、弟子たちに説きました。「これからは、私が説いた教え（法）と自分自身（己）を頼りに修行せよ」と。自分を自分で把握している人になれ、そして、最後に頼りになるのは自分だけだ、と説くのです。

結局、他人は頼りになりません。そう感じている方は多くいるのではないでしょうか。まずは、自分がしっかりしないといけません。己を知り、己をうまくコントロールし、意志をしっかり持ち、よく考えてから行動する。そうすれば、迷いにも悩みにも対応できるでしょう。己こそ己の主なのです。あなたは他の誰でもない、あなたは、あなた自身なのです。

22

取るに足らないものごとに
従ってはならぬ。

（『法句経　世の中の章167』より）

世の中、面白いことなんてそんなに沢山あるわけではありません。むしろ、辛いこと、不安なことのほうが多いでしょう。それは仕方がありません。この世は、基本的に苦の世界なのですから。

だからといって、ふてくされたり投げやりになったりしては、苦しさが増すだけです。世間には、ネット上に他者の誹謗中傷《ひぼうちゅうしょう》を書き込んで憂《う》さを晴らす人もいますが、気分がよくなるのはほんの一時のことです。結局は虚しいだけですね。そんなことをして他者より優位に立ったつもりになっても、不安は消えません。

右の言葉の後には、こんな句が続きます。楽な方へと流れることを戒める言葉です。

「放縦《ほうじゅう》に生活してはならぬ。いつわりの見解に従ってはならぬ。世間の友がらとなってはならぬ」

現在は、SNSで「いいね」を得ようと、快楽を刺激する投稿を盛んに行う人がいます。しかし評価を得ることが自己目的化してしまっては、生活は空しいばかりで上っ面なものになってしまいます。他者の評価を気にしすぎるより、自分で考え地に足のついた生活を求めるほうが、心がより落ち着くと思いますよ。

23

真実でないことを真実と思い込み、
真実であることを真実ではないと
思い込む者たちは、真実を知らずに、
嘘の世界に住むこととなる。

（『法句経　対句の章11』より）

世の中は、情報であふれかえっています。あふれんばかりの情報の中から、真実を見出すのは難しいでしょう。むしろ、偽の情報に振り回される人は少なくないと思います。SNS上の情報を疑いなく拡散したり、ネットで話題の情報をもとに誰かを誹謗中傷するなど、モラルの低い行為がネット上では状態化しています。

こうしたことは、宗教界でも耳にします。病気が治る、悪霊が憑《つ》いている、お祓《はら》いをしないと危険だ、などという根拠のない言葉に欺《だま》され、大金を貢いだという話は、我々のような立場にいますと、よく聞きます。あたかもそれが仏教や密教の教えなのだ、と吹聴されることもあります。真実は、全く違うのですが……。

真実を見極める目が、これからは特に必要です。情報の発信源を確かめ、不確かな場合は一度疑ってみることが大事でしょう。警戒心を持たないと、いつの間にか欺されていたり、事件に巻き込まれてしまったりする危険が生まれるのです。

何が真実なのかわかりにくい世の中で、一つの情報を鵜呑《うの》みにするのは危険です。異なる情報が発信されていないか、発信者は信頼がおけるか、自分の思い込みではないかと、まずは疑ってみるといい思いますよ。

24

心に貪欲なく、
心乱れることなく、
善悪を捨て、
目覚めた者に怖れはない。

（『法句経　心の章39』より）

仏教は欲を否定していると思われますが、それは誤解です。仏教が否定しているのは欲そのものではなく、貪欲です。貪欲とは、際限がない欲望、執着された欲望、暴走して制御が効かなくなった欲望のことです。

地位や名誉の欲にとらわれ、なりふり構わず行動し、自己コントロールを超えて周囲に迷惑をかける、それが貪欲です。仏教は、その貪欲を否定しているのです。

貪欲や心の乱れから離れ、善だとか悪だとかというこだわりも捨てたところに、本当の安らぎがあるのだと、お釈迦様は説きます。分不相応な欲を出さず、背伸びもせず、他人のことを羨むことなく、妬《ねた》むこともない。また他人を蔑《さげす》むこともなく、善をしろと言うこともなく、悪からも離れ、ただただ、雲が行くように、水が流れるよう（行雲流水《こううんりゅうすい》）に、素直に生きる……。お釈迦様が説いた、怖れのない安楽な生き方が、これなのです。

言葉にすれば簡単ですが、実行するのは難しいことです。ですが、頭の隅にこの言葉――「行雲流水」――を置いて、少しずつでもいいから実行していくといいと思います。そうすれば、自然に心が軽くなっていくと思いますよ。

25

渇望に満たされた人びとは、
縛られたウサギのように逃げまわる。
束縛と執着とに結ばれ、久しく、
繰り返し繰り返し苦悩を受ける。

（『法句経　渇望の章３４２』より）

人はいつも何かに縛られている、と私は思っています。いったい何に縛られているのでしょうか？　それは、自分自身がつくるルールです。

親の面倒を見なきゃいけない、上司の言うことを聞かなければいけない、部下の面倒を見なければいけない、いい人でなければいけない……。このような、「こうじゃなきゃいけない」というルールをつくっていないでしょうか？　もちろん、そうした個別のルールが必ずしも誤っているとは思いません。問題は、その考えが強くなりすぎ、心の負担になってしまった場合です。「こうあるべきだ」ととらわれてしまえば、それは大きな負担となり、いつの間にか自分の言動を縛りつけます。何もかもが義務になり、自由な考えが奪われ、苦しい思いだけが残るようになるのです。

そこから解放されるには、早く縛りの綱を切ることです。縛りを切るには、「こうであってもいいじゃないか」と考えることです。広い視野を得られれば、今まで心に引っ掛かっていた他人の言動を許せるようになります。自分の言動も許せるようにもなります。そうした様々な許しが、心の縛りを切ることになるのです。

26

多くの人は、
悩みの中に暮らしている。
もし、できるのなら、我々は
悩みなき安らかな生活をしよう。
悩める人の間にいて、
悩みなく生活をしよう。

（『法句経　静安の章197』より）

人々はよく悩みます。悩みを生み出してしまいます。なぜ悩みを生み出すかといえば、「思いどおりにならないから」です。

ああしたい、こんなことは嫌だ、苦痛だ、といった様々な希望や期待、感情が人にはあります。期待どおりの結果が得られないと、苦痛が生じ悩みます。その原因の元をたどれば、「思いどおりにならない」ということに行き当たるのです。

この点を理解している人は、悩んでも仕方がない、ということをわかっています。そういう人は現実を受け入れ、悩むのではなくて、処理をすることを考えるのです。悩む前に、考えて対処しよう、ということです。自分で対処できなければ、専門家に相談をするのも一つの手です。それでもダメなら、時が解決するかもしれない、と放置するかもしれません。いずれにせよ、対処方法を考えるのが大事です。

愚痴では、何の解決にもなりません。愚痴るのではなく、何か対処方法を考え、行動すべきなのです。悩み多き世の中ですが、悩みから逃げるのではなく、正面から受け止め、対処方法を考える。そして、行動を起こす必要があります。それが、悩み多き世の中で悩みなく生活する方法なのです。

27

愛着も過ぎれば
苦しい炎を燃やすことになる。
憎悪も深くなれば不幸を呼び込む。
身体もいつ病気になるかもしれず、
苦悩が尽きない。

（『法句経　静安の章202』より）

人間は、生まれた以上、老いていきます。病気にもなります。そして死を迎えます。この生老病死の苦が、四苦です。

また、人間は生きていくうえで、愛するものと別れねばなりませんし、愛着のあるものを手放さなければならないという苦を受けます（愛別離苦《あいべつりく》）。嫌な相手、憎悪を感じる人とも出会う苦しみもあります（怨憎会苦《おんぞうえく》）。欲しくても欲しくても、どうしても手に入らないという苦しみも味わいます（求不得苦《ぐふとくく》）。身体の不調、精神のアンバランスという苦しみも受けます（五蘊盛苦《ごうんじょうく》）。人は、こうした八つの苦しみ——四苦八苦——をどうしても経験するのです。

しかし、お釈迦様は右の句に続いて、こう説きます。「そんな中でも、心が落ち着いているならば、安静に暮らすことができる」と。

どんな苦しい状態にあろうとも、四苦八苦を受け入れ、「生きている以上、仕方がないことなのだ」と思えるようになれば、心は安静化していきます。そして、生きる楽しみを見つけていけば、心はますます安静化していくでしょう。苦しみの中にいて、楽しみを見つける。それが安楽に生きる方法なのです。

28

真面目にコツコツと
やるべきことをやる人、
怠けることを恐れる人は、
安定している。
そういう人は、心に安らぎがある。

（『法句経　怠りなきことの章32』より）

私のお寺は、檀家《だんか》がありません。檀家がないということは、葬式も法事もないということです。従って、他のお寺のように葬式や法事による収入は全くないのです。収入を得るには、御祈願《ごきとう》に来ていただく、悩みの相談に来ていただく、行事を行う必要があります。私が怠けて何もしなければ、あっという間に収入はなくなり、生活もお寺の維持もできなくなってしまいます。が、私は生まれついての怠け者で、勤勉にはほど遠い性格なので、結構辛いものがあります。

人は、安定を望みます。収入がなく、生活が苦しい、という生き方は、誰も望んでいないでしょう。ところが、誰しも勤勉ではありません。働かずして収入を得たい、と思う人もいます。他人の財産を奪おうとする人、奪ってしまう人もいます。

しかし、苦労せず、あっという間に大金を手にすることなどできません。多くの方は、そんなことは無理だとわかっているのです。だからコツコツ働くのでしょう。安定した不安のない生活を手に入れるには、一攫千金《いっかくせんきん》を狙うよりも、他人の財を奪うよりも、勤勉が最も早くて勝れた道なのです。最後に勝つのは、勤勉に過ごした人なのです。

29

何の努力もしないで、
的外れな祈願《きがん》をしても意味がない。
それは、湖に石を落として、
「浮かんでこい」と願っている
愚かな者と同じである。

（『阿含経』より）

私のお寺は檀家《だんか》がないので、御祈願《ごきがん》も大事な収入源です。ですが私は、あまり御祈願を受け付けません。もっと祈願を受ければ、お寺が潤うのは重々承知していますが、それは私の信条に反することなので、できないのです。

私は、御祈願を依頼した方に問います。祈願内容に対して、どのように考え、行動してきたのか、祈願の他に手段はないのか、と。御祈願は、努力を積み重ねても達成できない最終手段に行うものである、というのが私の考えなのです。

随分前に、30歳代の独身男性が「結婚がしたいので、いい相手が現われるように、毎日写経をしています。ですが、相手が現われなくて……」と相談に来られました。唖然としましたが、その方は真剣なのです。「あなたのやるべきことは、まず女性と知り合える場所へ行くことでしょう」と説くと、その方は納得されて帰っていきました。冗談のような話ですが、さて皆さんは、この方を笑えるでしょうか?

世間には、良縁成就とかパワースポット巡りのツアーがあります。本気の度合いは人それぞれですが、どう頑張っても根本的な解決にはなりません。お釈迦様が説くところの、大石を湖に投げ、浮かぶように祈祷することと変わらないのです。

30

あなたはみずから
自身の依《よ》り所《どころ》をつくれ。
あなたは速やかに努力せよ。
あなたは賢くあれ。

（『法句経 汚れの章240』より）

お釈迦様が言う「依《よ》り所《どころ》」とは、お釈迦様の教えが聞ける場所、お釈迦様や弟子に相談ができる場所を、本来は意味しています。

現在の世の中で依り所を探すのなら、趣味を持つことをお勧めします。たとえばデスクワークが多い方はスポーツの趣味を、身体を使う仕事の方は室内でゆっくりできる趣味を、です。仕事とは違う行動を選ぶのです。そこで気楽に趣味の話ができる仲間ができれば、彼らという場所が依り所となっていくでしょう。

「定年になったら何か趣味を持ちたい」という方もいますが、漠然と考えるだけでなく、できるだけ早く趣味を見つけたほうがいいと思います。若い頃のほうが、身体も心もついていきやすいからです。

依り所を見つけたら、その場で自分なりの努力をすることが重要です。ただし努力とは、単に続けることではありません。創意工夫を加えることが努力です。どうしたらもっとよくなるか、効率が上がるかなどを考え、行動していきましょう。

依り所があり、努力を続け、マナーを守り、清潔に暮らしていくこと、それが居心地のいい、天界の生活のような暮らしになるのです。

31

激しく厳しくやり過ぎても
苦しいだけである。
かといって、緩やかになりすぎれば
怠けになってしまうだろう。
誰もが、その中間をとるべきなのだ。

（『阿含経』より）

この言葉の前に、お釈迦様は弟子のソーナに語りかけています。

ソーナは血が流れるような激しい修行をよくしていたそうですが、悟ることができず、還俗《げんぞく》しようかと迷っていました。そんなとき、お釈迦様がソーナに問います。「琴の弦は思い切り張ったほうが良い音が出るか?」と。ソーナは、琴を弾くのが得意でした。ソーナは、答えます。「弦が張りすぎていては良い音は出ません」。お釈迦様は再び問います。「では、弦を緩くすればいい音が出るのか」。ソーナは答えます。「緩すぎては良い音はでません。弦は緩く張っても、強く張っても良い音は出ないのです。その中間がいいのです」と。

「ソーナよ、修行もそれと同じなのだ」。お釈迦様はこう言って、続きとして右の文を説きました。修行は、激しすぎても、緩すぎてもいけない、その中間を行くべきなのだ。これが、仏教で説く「中道」です。

中道というと、中途半端と思う方もいるかもしれませんが、それは誤解です。快楽でも苦行でもなく、極端に流されないこと。そうした何にも偏らない「絶対的平等」という立場が、争いや不安定を退け、心が静かになり安定を生むのです。

32

耐え忍ぶことは、
自分を鍛える最上の修行である。
耐えることは、いずれ、
最高の安らぎを与えてくれる。

（『法句経　目覚めた者の章184』より）

お釈迦様は、苦行を否定しています。反面、快楽も否定しています。苦行でもない、快楽でもない、どちらにも偏らない修行こそが、正しい修行だと説いています。しかし、勘違いされがちですが、時には耐え忍ぶことの重要さも説いています。

たとえば、お釈迦様が強い腹痛になったときなど「この痛みに耐え忍ぼう。誰に当たることなく、一人耐え忍ぼう」と言っています。他宗教からの批判にあったときも「何も言うことなく耐え忍ぼう」と語っています。

諦めることは簡単です。やめてしまうのも簡単です。確かに、我慢して耐え忍ぶのは、苦しいことでしょう。が、耐え忍んだからこそ、得られるものもあるのではないでしょうか？　たとえば、勝れたアスリートは、苦しい練習に耐え忍んだからこそ、栄光を手に入れるのでしょう。

諦めたらそこで終わり、です。繊細な話題であることを承知であえて申し上げますが、もう少し、諦めずに耐え忍んでもいいのではないですか？　と思うことは多々あります。耐え忍んだ先に待っている、栄光や安らぎもあるのだと思うのです。時と場合によっては、耐え忍ぶことも必要なのですよ。

33

行う価値のない教えを学ぶことはない。なぜなら、価値ある教えを学ぶ者は、生きているときも死後も、安楽に過ごせるからだ。

（『法句経　世の中の章168』より）

不安を解消するために、学びは大切だと思います。学びの実践も大切です。では、どんなことを学び、実践すればいいのでしょう？

当然ながら、マナー、ルールに反することなど、悪いことを学んではいけません。悪いことを真似るのもダメです。模倣は学びの始め、とも言います。真似ることによって、いつの間にか悪い言動が身についてしまうこともあります。

一方、正しいことやいいことは、大いに学ぶべきでしょう。人との接し方、ストレスの解消法など、社会に出てからも学ぶことはあります。そうした学びから、尊敬される人間性をつくっていくことが大事なのではないでしょうか。

職場や日常生活で接する無数の人々とのやりとりを通じて人間性を高めていくことは、とても大切なことだと思います。学びというのは知識の集積ではなく、人間性を高める行為だと思うのです。

まずは尊敬できる人を目標にして、真似から始めればいいと思います。そのうちに、善い生き方、安楽な生き方が、身につくと思います。真似事も続けるうちに、やがて本物になるのです。

34

愚かな者ほど、いい評判を望み、
尊敬を望み、支配したがり、
接待されることを望む。

（『法句経 愚か者の章62』より）

周囲からの評判は、誰でも気になると思います。誰だって、嫌われたくはないですし、できれば「いい人」と思われたいでしょう。

しかし、他人からの評価なんて、どうでもいいと思います。人それぞれ考え方も感性も違いますし、評判や評価はちょっとしたことで変わる、虚しいものです。イチイチ気にしていたら生きていけない、くらいに思ったほうがいいと思うのです。

尊敬されたいと望む人もいますが、尊敬は望むものではなく、その人の生き方に対する評価です。自分で望んだ時点で、間違っているのではないでしょうか。

他者を支配したがる人も、尊敬を望む人に通じます。威張り散らし、自分に従わない人を排除し、高圧的な態度でいる。こういう方は、嫌われていることに気がつかず、尊敬されていると勘違いしている虚しい人ですね。

接待やおごってもらうことを望む人もいます。初めから態度に現われていると、がっかりしてしまいます。なんてセコイのだろう、と思います。

こうして考えてみると、周囲が決めることを望んだ時点で、心の汚さが出てしまうのではないでしょうか。皆さんはぜひ気をつけてください。

35

徳行と見識をそなえ、行い正しく、
真実を語り、自分のなすべきことを
なす者を、人々は愛する。

（『法句経 逸楽の章２１７』より）

多くの人に愛される、好かれるのは、どんな人でしょうか？　それを知るには、多くの人から嫌われる人を考えればわかるのではないでしょうか。

犯罪を犯す人、やたら威張っている人、自慢話ばかりする人、人の話を聞かない人、頑固で口うるさい人、口だけで仕事をしない人……。誰の周りにも、一人はこうしたタイプがいるでしょう（犯罪を犯す人が多いのは困りますが）。こうした人々は、年齢に関係なく嫌われます。いずれも、ルールやマナーを守らなかったり、人の気持ちを考えなかったりする人々です。

他者に愛される人は、正しい行いが何かを認識し、実践に移すことができます。感情に流されず、知識と常識に基づき言動に気をかける。そうすれば、他人を支配することの愚かさに気づくはずです。

他人事に口うるさく関わるのをやめ、正しい言葉、優しい言葉を使うことでも、印象は大きく変わります。できるだけ愛想よく、優しい顔をしましょう。小さな徳を積み重ねれば気分はよくなるものですし、いつか大きな報いとなってあなたに返ってきます。そうすれば、周囲から大切な人だと思われるようになるでしょう。

36

もしも旅をしていて自分より勝れ、
または等しい者に
会わないであろうならば、
断乎として一人で行くがよい。
愚か者と連れになることはない。

（『法句経　愚か者の章61』より）

実は、私には友だちはいません。学生時代にはそれなりにいましたが、長年つき合えるような親友というべき友だちは、一人もいません。一応、僧侶や趣味の仲間はいますが、あくまでも仲間であって、友人ではありません。友人をつくるのは、はっきり申し上げると煩わしいのです。

そういう話をお寺に来られた方にすると、大抵は驚かれます。多くの方が、友人がいないと耐えられないと口にします。しかし、お釈迦様が説くように、無理に友人をつくる必要はないと思います。

自分よりも勝れていて、自分に善い影響を与えてくれる友人。自分と共感できる友人。そういう友人ならば大切に思えますが、我慢してつき合う友人は、不必要ではないでしょうか。

自分にとって、苦しいだけの友人ならば、断乎として縁を切るべきでしょう。そんな友人といるよりは、一人でいて、素敵な音楽や絵画、本などに触れた方がどれほど有意義なことでしょうか。自分をダメにするような、自分のためにならないような愚かな友人ならば、早く縁を切ってください。友人は選ばなければいけません。

37

ルールとマナーを守ろう。
そして、それを周囲にも教えよう。
やってはいけないことは避けよう。
そうすれば、いい人たちから好かれ、
悪い人たちから嫌われるようになる。

（『法句経　賢者の章77』より）

お釈迦様の時代から、ルールとマナーを守るべきだという、当たり前のことが説かれていました。ルールを守るなんて当然じゃないかと思われるかもしれませんが、2500年以上経っても、人はこの心得に反してばかりいます。

仏教では、人は「貪瞋痴《とんじんち》」という心を持つと考えます。貪瞋痴は三毒《さんどく》ともいわれ、人にとって、避けるべき心のことです。

貪は、間違った欲望・果てしない欲望・執着心のこと。瞋とは、理不尽な怒りやイライラ、妬《ねた》み・羨み・怨《うら》み・蔑《さげす》み・嫉《そね》みといった心の負の働き。痴とは、愚かさのことです。自分は間違っていないと思いこむこと、他人の意見を聞かないこと、自分は賢いと過信することなどの愚かさです。

心に貪瞋痴が生じていれば、社会のルールやマナーを守ることはできません。そうなれば、周りに集まるのは悪人ばかりです。貪瞋痴の苦しみからは解放されません。なにかと理由をつけてルール違反・マナー違反をしていては、自分のためになりません。社会のルールやマナーを守り、人々にそれを伝え、「貪瞋痴」を避けて、常識ある善き人々から好かれ尊敬されることを目指しましょう。

38

高貴な人を見ることはよいことである。
高貴な人と共に暮らすのは常に楽しい。
愚か者を見なければ、常に安楽となろう。

（『法句経　静安の章206』より）

「高貴な人」とは、出家修行者のことです。コーサラ国の王妃であったマッリカー婦人や維摩居士《ゆいまこじ》のように、在家であっても仏法に通じ正しく生きていた人も、「高貴な人」に含まれます。仏法に通じ、それに従った生活をしている人と一緒にいることが望ましい、とお釈迦様は説いているのです。

では、現代なら「高貴な人」とは、どんな人を指すのでしょうか？　現代で仏教に通じている人といえば、お寺の住職さんがあてはまるかもしれません。もちろん、すべての住職さんがそうだとは言いませんが、穏やかで、優しく話してくれる住職さんは、きっと仏法をよく学んだ方だと思うのです。

平等で聡明、誠実で謙虚な人……そんな人が「高貴な人」なのではないでしょうか？　身近にいたなら、元気を与えてもらえそうだし、何かあったら相談に乗ってもらえそうで安心です。

しかしおそらく、「そんな人、身近にいない」というほうが多いと思います。その場合は、自分が「高貴な人」になればいいのです。そうすれば、自分だけでなくまわりの人々にも安楽をもたらす、魅力的な人になれることでしょう。

39

健康は最上の利益、
満足は最上の財産、
信頼は最上の縁者、
心の安らぎは最上の幸福である。

（『法句経　静安の章２０４』より）

たいした病気ではなかったのですが、1週間ほど入院しました。そのとき、この句を思い出しました。

入院中は、何もできません。心身が健康ならば、働いて日々の生活費等を得ることができるのに、動けることの楽しさ、うれしさも得られるのに、家族に迷惑をかけてしまった……という負の思いしか出てきません。

「足るを知る者は常に富む」という言葉があります。満足を知っている者、満足できる者は、常に裕福な気持ちでいられるとお釈迦様は説きます。

しかし、人はなかなか満足できないものです。常に何かを欲しているところがあり、欲望には際限がありません。お釈迦様は「いくら黄金の雨が降っても人間は満足できない」とも説いています。満足を知らないと、苦しみに陥るのです。

たとえ貧しくとも、「これで十分なのだ」と納得できれば、人は十分に満たされるのではないでしょうか。逆にいくら財産があっても欲を出せば、それはどんどん膨らんでいくことでしょう。満たされないという思いは、常に心の安定を欠き、安楽から遠ざかっていくのです。

40

幸が熟さない限り、
たとえ善き者といえども
悪を経験する。

（『法句経　悪の章120』より）

人には器というものがあります。善（徳）の器と悪（罪）の器です。

善いことを実行したり、一生懸命努力したりすると、善の器に徳がたまっていきます。器が大きいとなかなか満杯にはなりませんが、小さいとすぐ満杯になります。ちょっとした善いことや親切なことをすると、すぐに幸運に恵まれる人がいます。本人はうれしいでしょうが、本当は、あまり喜ぶことではないのです。そんなにすぐにラッキーが来る人は、善の器が小さいということなのですから。

善の器が大きい人は、なかなか徳がたまりません。長年かかってやっと幸福を手にできるのです。世の中では「大器晩成型」といわれる人です。

こうした人は、善（徳）の器が一杯になったときに、多くの楽しみを味わうことができます。器が大きければ大きいほど、楽しみは先になりますが、得られる楽しみも多くなるし、大きなものになるでしょう。

ですから、「いくら頑張ってもダメだ、もうやめよう」と途中で諦めないでください。なかなか芽が出ないあなたは、大器晩成型なのですよ。

41

善の報いは軽くはない。
水滴が水がめを満たすように、
善の報いがたまったときは、
善で満たされるのである。

（『法句経　悪の章122』より）

「いくらいいことをしても、ちっともそのお返しがない。意味はあるの」

という疑問を持ったことはないでしょうか？　もちろん、意味はあります。因果応報という考えでは、善い行いをすれば善い報いとして、自分に返ってきます。しかしすぐに報われるとは限りません。善の器の中で善い行いが熟成されなければ、善の報いはやってきません。

報いは、善の器の大きさに応じてやってきます。器が大きければ大きいほど、報いはなかなかやってきませんが、いっぱいになったときは、一気に善の報い＝幸運がやってきます。

大きな欲を出すなら、善の器は大きいほうがいいでしょう。そんなに要らない、小さな幸せが欲しい、と思うならば、善の器は小さくてもいいですね。

どちらを願うかは、自由ですが、どうもその器は、初めから決まっているのかもしれません。自分の自由にはならないようです。自分の思うようにならないことなら、気にしても仕方はありません。大事なことは、怠らず、善を積み重ねて器を満たしていくことです。行動はいつかきっと報いとなって、あなたに返ってきます。

42

誰でも安全で安心な人生を望むものだ。
しかし、まれに他の人を暴力で支配し、
自分の安楽を得ようとする者がいる。
こういう者は、死後、安らぎを得ない。

（『法句経　暴力の章　132』より）

誰もが、安心で安全な生活を望んでいます。人生何事もなく、安楽に過ごせていければ幸せでしょう。しかし、世の中には、暴力を振るう人が、少なからず存在するのも事実です。もし、あなたがそちら側――暴力を振るう側――の人ならば、大いに注意してください。あなたには、安楽は訪れませんから。

暴力を振るう人は、相手を屈服させたとき、大きな喜びを感じるのでしょう。しかし、喜んでいられるのは、ほんの少しの間だけです。また、イライラしてきて、誰かを屈服させたくなってしまいます。そうして、悪の循環が始まるのです。

悪いことをすれば不幸がやってくる。善いことをすれば幸運がやってくる。因果応報といわれる、仏教の教えです。

「そんなことはない。俺（私）は一度もバチが当たったことがない」

という方もいるでしょう。しかし、そういう人は、悪の器が大きいのです。そういう人には晩年に、重い苦しみがやってくると考えましょう。死後は地獄という苦しみの世界に生まれ変わることでしょう。

安楽を得るためにも、先を見据えて、暴力に頼らない人生を過ごすべきです。

43

悪を欲してはいけない。
苦悩は悪の蓄積なのだから。

（『法句経　悪の章116』より）

これぐらいなら平気だろうと、ちょっとした悪いことに手を出すことはないでしょうか？　タバコのポイ捨てなどは、喫煙者が減った現代でもよく見かけます。車のスピードを出し過ぎる人や、スマホを見ながら歩く人も、誰もが見かけたことがあるでしょう。

いずれも周囲に迷惑をかける行為ですが、当事者はこれくらいなら平気だろうと深くは考えずに、小さな悪を積み重ねていくのです。

一つひとつの行動は大したことがなくとも、積み重なればいつの間にか習慣になります。気づかぬうちに人間性を疑われる行動をとってしまいかねません。因果応報の考えに基づけば、悪の器がいっぱいになり、報いを受けることになるのです。コツコツ築き上げてきた信用も、一瞬のうちに失うこともあります。その後には、辛い苦悩しか残りません。

「これくらいなら許されるだろう」という、ちょっとした悪の誘惑に負けてはいけません。意図せず仕方なく行うこともあるかもしれませんが、二度目はなしです。小さな悪でも、悪は悪です。

44

いったいあなたは
何のために来たのか？
教えを聞くためにに来たのか？
場所だの座席だの、
そうしたことを求めに来たのか？
本来の目的は、何なのか？

（『維摩経』より）

当初の目的を忘れて、全く違うことが気になってしまうことってありませんか？

右の文は、維摩経《ゆいまきょう》の一説です。病気になった大富豪・維摩居士《ゆいまこじ》のもとへお見舞いに行くようにとお釈迦様は弟子に言ったのですが、誰もが維摩居士が苦手で行きません。結局、文殊菩薩《もんじゅぼさつ》が行くことになると、維摩居士との問答を一目見ようと、弟子たちもついていきます。その一人が維摩居士宅に入ると、「あれ？　狭くないか、椅子も足りないぞ。みんな入りきれないし、座れないじゃないか」と心配し始めます。そこで維摩居士が言ったのが、右の言葉です。

私たち人間は、本来の目的とは異なる、些細なことが気になってしまうことがあります。そうなると、肝心な話は耳に入らなくなってしまいます。私も朝の勤行《ごんぎょう》の際に気になってしまうことがあると、お経を読み間違うことがあります。

ついつい油断してしまうことは、誰にでもあるでしょう。些細なことが気になってしまうことも、多くの人が経験すると思います。まずは、人間にはそのような性質があると自覚してみましょう。そのうえで、何を求めているのか自問してみてはいかがでしょうか。

45

勝れた医者にとっては、
道にある草などは
すべて薬になるとわかる。
石の中の宝石を見極められる者は、
金属を含む石を見分けられる。
そうしたことを知っているか、
知らないかは誰の罪なのか？

（弘法大師『般若心経秘鍵』より）

お釈迦様の主治医だったジーヴァカは、師匠に「この土地の中に薬にならない草を探し出せ」という卒業試験を出されます。ジーヴァカは必死になり薬にならない草を探しますが、結局見つかりませんでした。試験に落ちたと思い師匠に報告すると「合格だ」と言われます。ジーヴァカの薬草を見極める知識は完璧だったのです。

知らなかったで済まされることもありますが、あまり知識がないのも、生きていくうえで損をすると思います。知っていれば得をする法律・行政サービスもあれば、知らぬ間に法に反していることもあります。

趣味で本を読むのですが、その本の内容が役に立つことは、よくあります。お寺で相談を受ける以上、「知らないです」では会話が続きませんし、相談事の対策も進まないこともあります。知らない、ということは、不利益なことなのです。

知識のある人を羨み妬《ねた》む人もいますが、知識があるかないかは、自分自身の問題です。「そんなこと教えてもらっていない」と思っても、通用しないのです。大事なのは、自ら学ぶことです。知っているか知らないか、それは誰の罪なのか、よく考えてみましょう。

第3章

嫌気・面倒くささとの向き合い方

46

心は不安定で、いつも揺らぎ、
悩み、イラつき、自分で
コントロールしがたいものである。

（『法句経　心の章33』より）

仏教は本来、心を自在にコントロールするための教えです。

その方法を一つ紹介しましょう。それは、自分自身をよく知ることです。自分の性格をしっかり見つめ、いいところ嫌なところを認めることです。

他人から指摘され「私はそんな性格じゃない」と言っているうちはダメです。素直に自分の嫌なところ、表に出せない性格を受け入れなければいけません。

自分の嫌な部分を認めることができれば、「あぁ、イライラするのは、もともとこういう性格だからか」と納得できるようになります。自分の性格に合わせて、状況を受け入れることができるようになるのです。

『大日経《だいにちきょう》』はこう説いています。

問《とう》「如何菩提《いかんぼだい》」（悟りとは何ですか）

曰《いわく》「如実知自心《にょじつちじしん》」（実の如く自心を知ること）

悟ることができれば、心は常に安定します。コントロールも可能でしょう。悟りとは、自分自身をすべて知ることなのです。まずは、自分の嫌な部分が何なのか、目を向けることから始めるといいですね。

47

心とは、なかなか
止めることができず、
勝手気ままで、
わがままなところがある。

（『法句経　心の章35』より）

心は、本当につかみどころがありません。ふとしたことで、悩み出し、苦しみ出すことがあります。そうかと思えば、急に明るくなり、勝手に振る舞おうとすることもあります。頭の中ではこれではいけないとわかっていても、心を制御するのは容易ではありません。

お釈迦様の弟子に、カールダーインという者がいました。この弟子、他のことはしっかりしているのに、性的な心の動きは、うまく制御できませんでした。あるときは尼僧に「下着をくれ」と言って問題を起こし、お釈迦様に叱責されています。またあるときは、女性と部屋で二人きりになり、新たな戒律をつくる原因にもなっています。たとえ、修行者であっても、心を己の思うままに制御することは、難しかったのでしょう。

心とはこのように、勝手気ままでわがままです。まずはこの事実を忘れないようにしましょう。すぐに心をコントロールできると、思わないことです。そのうえで、諦めず心の制御を続けていけば、いつか心の安定を得ることができるはずです。

48

心に迷いがあると夜が長い。
疲れていると
ちょっとしたことでも嫌になる。
しかし、真理を一つでも知れば、
迷いはなくなるものだ。

（『法句経　愚か者の章60』より）

社会の一員であれば、面白くないことによく出会います。その場限りで終わったり、数日すれば忘れたりすることもあるでしょう。しかし、時にはスッキリ流せない場合もあります。夜寝られない、落ち着かない、朝が辛い、ちょっとしたことで疲れてしまう。こんなときは、一体どうすればいいのでしょうか？

お釈迦様は、真理を知れば救われる、と説きます。そんなこと簡単じゃない、と思われるでしょう。ですが、仏教が説く真理は難解なものばかりではありません。

「人は本来、自由である。本来、何ものにも縛られず、自由自在である」

これも真理の一つです。自分を縛っているのは一体何なのか、それを知ることが大事です。見栄、保身、意地、金銭欲……。自分は自由なのだ、縛られないのだ、と理解すれば、今の状況から脱け出すことは可能です。すべてやめてしまえばいいのですから。そして、出直せばいいのですから。

本来、人は何にも縛られていません。自分を縛っているのは、自分です。真理に気がつけば、迷いは自ずと晴れていくでしょう。さて、あなたは何に縛られているでしょうか？

49

己こそ己の主である。
他の誰がまさに主であろうか。
己がよく制御されたならば、
人は得難い主を得る。

(『法句経　己の章160』より)

人は迷い、悩み、苦しむものです。どうしていいのか判断がつかず、悩むこともあります。そうしたとき、人は誰かに相談をします。自分以外の人の意見を聞き、どうするべきかを教えてもらうのです。私のお寺を訪れる人もそうです。

自分でどうしていいか判断ができない。そういうことはよくあります。しかし、すべてを丸投げ、はダメですよね。自分の意見を言わず、あるいは言えず、他人にすべてを決めてもらう。これでは、根本的な解決にはなりません。

もちろん、自己のコントロールは大変難しいことです。人の心は弱いからです。ついつい欲に負けたり、感情を顕わにしてしまったり、判断ができず悩み苦しんだりしてしまうものなのです。しかし、もし自己をコントロールできたなら……。

自分自身の主は、自分です。最終的に判断するのは、他人ではなく自分です。たとえ家族であっても、自分のことは自分で決めるべきでしょう。

同様に、欲望や感情も、コントロールするのは自分です。自分こそが、自分の中の主役なのです。それを理解し実践できれば、あなたの人生という舞台で、素晴らしい主役を演じることができるでしょう。

50

運河づくりの技師たちは水を導き、
弓作りをする者たちは
矢をまっすぐにし、
木工たちは木を整える。
賢者は己を整える。

（『法句経　賢者の章80』より）

お釈迦様は、たとえ話を多用しています。

運河づくりの技術者は、水をうまく調整し、運河をつくっていきます。運河が完成したら、そこに水を導いていきます。これは、自分の心をうまく調整し、自らを導きましょう、というお話です。

弓作りをする者のたとえは、自分自身をまっすぐにしましょう、ということです。歪んだ矢がないように、自分自身を歪ませないで、まっすぐな人間にしましょう、というたとえです。木工細工のたとえは、木工が木を整えるように、自分自身を整えよ、ということです。そして最後に本当に言いたかったことを述べているのです。

人は、ついつい愚痴りたくなりますし、怠けたくもなります。妬《ねた》んだり、蔑《さげす》んだりもします。そうした心の動きで、自己嫌悪にも陥ります。その扱いにくい心を整えよ、とお釈迦様は説くのです。

もちろん、初めからできることではありません。まずは頭の隅に「心を整えよ」という言葉を入れておくことです。ふとしたとき、思い出すこともあります。習慣になれば、賢者になることもできるでしょう。

51

過去・現在・未来において、
非難されるだけ
称讃されるだけの人はいない。

（『法句経　怒りの章228』より）

誰でも非難されるのは嫌なことです。逆に称讃されるのはうれしいものです。しかし、いくら望んでも称讃され続けるなんてことはありませんし、非難され続けることもありません。非難されるか、称讃されるかは、その時々によって変わります。世の中は常に変化しているからです。また、人は考えや行動が一定ではないからです。この世は諸行無常なのですから、常に同じ状態はあり得ないのです。

ということは、たとえ非難や称讃が続いたとしても、それはやがて消えていきます。非難も称讃もそのときだけと理解し、冷静に受け止めるべきでしょう。

それでも、やはり非難はイヤだ、と思うのでしたら、お釈迦様流に対処するといいでしょう。お釈迦様は、根拠のない非難に対し、

「その言葉は、私は受け取らない。すべてあなたにお返しします」

と答えています。

昨今、SNSなどで誹謗中傷が問題になっていますが、そうしたいわれのない誹謗中傷は、受け取らないことが大事なのです。いわれのない誹謗中傷には、「その言葉、あなたにお返しいたします」と対応したいですね。

52

語に気をつけ、心をよく制御し、
体で悪をなさないという、
この三つの行為の道を
清らかにするならば、
聖仙《せいせん》によって説かれた道を
得るであろう。

（『法句経　道の章281』より）

「十善戒《じゅうぜんかい》」という、出家・在家共通の戒律があります。身体と口と心に関する10の戒律です。実践すれば、聖仙《せいせん》（仏陀のこと）が説いた道を歩くことになります。

まず身体の戒律は、不殺生（殺さない・暴力を振るわない）、不偸盗《ふちゅうとう》（盗み・盗み見・盗み聞きをしない）、不邪淫《ふじゃいん》（不倫をしない・性に溺れない）です。

次に口の戒律ですが、これは不妄語《ふもうご》（嘘をつかない）、不綺語《ふきご》（意味のないふざけた言葉を遣わない）、不悪口《ふあっく》（悪口を言わない）、不両舌《ふりょうぜつ》（二枚舌を使わない）です。

最後に心の戒律は、不慳貪《ふけんどん》（貪らない）、不瞋恚《ふしんに》（怒らない）、不邪見《ふじゃけん》（正しく考えるようにする）です。

この中で誰もが無自覚に行なうのは、口と心の罪だと思います。悪口やふざけたことを言ってしまう。妬みや怨み、羨望を抱くこともよくあります。

しかし、なにも完璧を目指す必要はないのです。やってしまったと思ったら、懺《さん》悔《げ》してください。仏教では「ざんげ」ではなく「さんげ」といいます。過去の行ないを告白し、次は気をつけようと反省する。この積み重ねが、身・口・心のコントロールにつながるのです。

53

人は、他人の過失を
言いふらすけれど、
自分の過失はごまかしたり
隠したりする。
たとえば、悪い博打者が、
いかさまをかくすように。

(『法句経　汚れの章252』より)

他人のことをとやかく言いたがる人は、どんな集団にもいるものです。他人のミスや失敗を責めたり、殊更《ことさら》面白おかしく吹聴する人も、多くはないでしょうが、存在しています。そういう人に限って、自分のミスは隠したがるようです。

お釈迦様は、自分のことを棚に上げて、他人の非難に話を変えてしまう人を、インチキをする者、いかさまをする者と同じだ、と説きます。

他人のミスを指摘したがるのは、他人のことが気になって仕方がないからでしょう。他人がミスをしようが成功しようが、自分には関係のない、どうでもいいことなのに、そうは思わないのです。

私のお寺には、他人のことが気になって仕方がないと相談に来られる方もいます。そんな方には、「他人のことを気にするよりも、自分のことを気にしたほうがいいのではありませんか」と話します。

他人のことばかりに目がいく人は、多くの場合、自分のことがおろそかになっています。自分はどうなのか、そのほうが大事でしょう。まずは自分をしっかり見つめてみましょう。そうすれば、他人に対する見方も変わってくるはずです。

54

みずから散漫にもっぱらで、
瞑想することなく、
ためになることを捨て、
逸楽《いつらく》をとらえる者は、
みずから瞑想する者を羨む。

（『法句経　逸楽の章209』より）

いろいろな相談を受けていると、妬みや羨みの感情を、強く持っている人と出会います。

そうした人は、「いいな、羨ましいな」と口にします。「じゃあ、真似をすればいいじゃないですか」と言うのですが、多くの場合、返事はありません。自分なりにできることをするよう説いても、反応は芳しくありません。

妬みや羨みの感情をどうにかしたいのなら、それなりの努力が必要です。その点をよく心得ている方もいますが、そう簡単に割り切れない方のほうが、おそらく多いでしょう。そういう方はどうすればいいのでしょうか？

お釈迦様は瞑想によって、深く自分自身について思考せよ、と説きます。自分自身の心を深く思考すれば、怠け心や妬み・羨みなどが見えてくるでしょう。それに対し、目を背けることなく、しっかり受け止め、少しでも改善していきなさい、とお釈迦様は説いているのです。

いくら妬んでも、羨んでも、現状は変わりません。妬む・羨む前に、まずは、己自身を変えることから始めるべきでしょう。

55

妬《ねた》み、物惜しみ、狡猾《こうかつ》な者は、
ただの口先によっても
美容によっても、
尊敬すべき人とはならない。

（『法句経　公正な人の章262』より）

しつこく他人を妬《ねた》む人を見ると、周囲は引いてしまうものです。また、ケチでセコイ人も、周囲から遠ざけられるでしょう。さらに、他人の足を引っ張る、他人を陥れようとするズルい人も、やはり誰もが敬遠するものです。

そんな人たちがいくら言葉を飾っても、外見を高級品で飾っても、結局はメッキが剥がれてしまいます。中身に問題があれば、すぐにバレてしまうのです。

しかし、心を入れ替え行動に移せば、周囲の態度もおのずと変わります。いずれ正しい智慧《ちえ》がつき、周囲からの信頼を得、尊敬される人物へと変化できるのです。

大事なことは、自分の悪い部分をしっかり見つめ、それを素直に受け入れて、変わる決意をすることです。

自分の悪い部分を見つめ、認め受け入れるというのは、苦しいことです。しかし、そこを乗り越えなくては、いずれ誰からも相手にされなくなり、別の苦しみがやってくるのです。

いずれにせよ苦しみを経験するのなら、心を入れ替え行動に移すほうが、いいのではないでしょうか？　安楽は、苦を乗り越えた先にやってくるものなのです。

56

他人があなたを汚したり、
清らかにしたりするのではない。

（『法句経　己の章165』より）

お釈迦様のある弟子は、他の優秀な弟子を妬《ねた》んでいました。

この弟子が真面目な尼僧に、「私は、彼にひどい仕打ちを受けています。彼に苦しめられているのです」と訴えました。尼僧はその言葉を信じ、お釈迦様に報告します。

しかし、お釈迦様が事実確認をしたことで、弟子の嘘はバレます。尼僧はお釈迦様から注意を受けてしまいました。尼僧にしてみれば、「私は欺《だま》されただけ」という思いでしょう。しかし、そうした態度は正しいのでしょうか。

優秀だという評判の弟子が意地悪をするだろうかと、尼僧はなぜ疑わなかったのか。深く考えて行動しなかったことで、告げ口をした弟子に、尼僧は加担することになりました。

自分の行動や言葉は、それが善いにつけ悪いにつけ、他の誰のせいでもないのです。責任は、すべて自分にあります。人は、自分自身の行動や言葉によって、美しくなったり、尊敬されたりすることもあれば、罪を犯したり、汚れたりしていくこともあります。他人が、あなたを清くしたり、汚したりするのではないのです。

57

恥を知らずに安易に生活し、
カラスのように勇ましく、
傲慢《ごうまん》で、大胆で、厚かましく、
汚れて生きる者は、生活し易い。

（『法句経　汚れの章245』より）

身勝手で傲慢《ごうまん》に振る舞い、汚い言葉を遣い、何も考えることなく生きていくことは、とても容易いとお釈迦様は説きます。

確かに下品で傲慢で厚かましい人は、何かにつけて図々しく振る舞い、わがままを通しています。そうした人たちは自分たちが正しいのだと、下品に笑っていることでしょう。本当は、面倒だから適当にあしらわれているだけなのですが……。

上品に振る舞うこと、謙虚でいることは、なかなか難しいことです。人は集団になると、その中の一番低いレベルの人に合わせるようになるそうです。それは、低いレベルに合わせたほうが、楽だからです。短い時間ならば品位を保つこともできることでしょうが、長きにわたって、謙虚で清く正しく執着もなく生きることは、息苦しく疲れやすいのではないかと思います。

しかし、優れた人なら下品で傲慢な人を見て、多くの人は、あんな人にはなりたくない、と思うでしょう。簡単な道を選べば堕落することをわかっているからです。

社会的な成功と人間的な完成は別問題です。そのことを忘れ、カラスのように図々しく下品に生きないように注意しましょう。

58

本当の偉い人・公正な人は、
利益と不利益をよく考え、
賢く行動するものだ。

（『法句経　公正な人の章256』より）

昭和は、物事を強引に進める人が目立った時代だと思います。上に立つ人はワンマンで、善し悪しは別として、自分の考えを周囲の人や部下に押しつけてきた……。皆さんも、そんな印象が強く残っているのではないかと思います。

時代は変わりましたが、いまだに昭和の強引さを残す人も、多いのではと思います。そうした方に嫌気が差すという相談が、結構あるからです。状況を聞かずに話を進めたり、自分の意見を押しつけるたりする人は、まだまだいるようです。

そうした態度は、若い頃の職場教育や、成功体験に基づいているのかもしれません。うまく回っているうちは、頼りになるでしょう。しかし、一見、頼りがいのあるやり方も、公正さを欠けば、我がままに成り下がってしまいます。その行く末には、誰にも相手にされない孤独が待ち受けているのです。

利益・不利益をよく考えてお互いに納得できる答えを出せる人こそ賢い人であり、立派な人です。立場を利用して強引な言動を繰り返す人は、いつまでたっても未熟なままです。身近にワンマン上司がいる方は、その上司を反面教師にして、自らの言動は平等さ、公正さを考慮するようにしましょう。

59

勝れた人は、相手に話をするときに、
その人の能力に随《したが》って、
話の内容を変える。賢い人は、
それを話していいかどうか、
タイミングや相手を選ぶものだ。

（弘法大師『般若心経秘鍵』より）

お釈迦様の教えは、対機《たいき》説法と言われています。対機説法とは、相手の能力に合わせて、話をする内容や難しさなどを変える話し方のことをいいます。なので、お釈迦様の教えは、八万四千の法門、と言われるのです。

理解力は、人によって異なります。同じ話をしても、理解している人もいれば、わかっていない人もいます。アインシュタインは、一般の人に相対性理論について教えて欲しいと言われたとき、「綺麗な人とダンスをすると時間が短く感じるが、針の椅子に座らされると時間は長く感じる」と答えたそうです。まさに、相手の機に応じて説明したと言えるでしょう。

また、話していい相手かどうかも大事です。話した相手が理解できないようではいけませんし、内容によっては外部に漏らされてしまうこともあります。さらに、話をするタイミングも大事でしょう。「それを今言うのか?」などとならないよう、タイミングを間違えないようにしないといけません。

なんでもかんでも話をすればいい、という態度では、通じるものも通じなくなります。話す側も気をつけなければいけないですね。

60

多くの人に打ち勝つよりも、自分自身の弱さや悪い誘惑、欲望に打ち勝つ者のほうが勝れている。

（『法句経　千の章78』より）

スポーツにせよ喧嘩にせよ勉強にせよ、多くの人に勝ったと自慢する方がいます。そうした自慢話を聞いて、「すごいですね」と心から思っている人は、ものすごく少ないと思います。多くの場合、心の中では「だから何?」と思っているのではないでしょうか。

本当に優れている人は、わざわざ自分の行動を自慢しないものです。お釈迦様が説くように、真の勝利者とは、自分の弱さや誘惑、欲望に打ち勝った者です。いくら人を負かしたとしても、自分の弱さに負けていては、真の勝利者とはいえません。自分に訪れる様々な欲望や誘惑に負けないで、まっすぐに正しい道を歩み、努力し続ける者が本当の勝利者なのです。

自慢話を聞かされ、自分はダメだな、などと思う必要はありません。そんな者よりも、正しく生きている者のほうが優れているのです。他人が言うことを気にするのではなく、自分の心のうちの戦いに勝利するほうが、よほど立派です。自分を大切にするあまり、他者に認めてもらいたいと自慢話をするようでは、誰からも大切にされることはないでしょう。

61

食べることばかりや
ゴロゴロするばかりで、
何もしないような愚鈍な者は、
家畜のブタのようになり、
迷いの世界から抜け出せない。

（『法句経 象の章325』より）

お釈迦様の弟子のビンドーラは大食漢でした。そもそも出家のきっかけが、「働くことなく托鉢《たくはつ》をすれば、あんなに食べ物が手に入るのだ」ということでした。彼は裕福なバラモンの家に生まれ、優秀だったのですが、少し怠け者で意地汚く大食漢のところがあったのです。

ビンドーラは、他の修行者の何倍も大きな鉢を持って托鉢に出ました。しかし、修行者にあるまじきことだと、お釈迦様に強く戒められました。彼はその教えを守り、意志を強く持って修行に励みます。やがて苦労はしましたが、大食漢を克服し、神通力《じんつうりき》も身につけ、悟りも得ます。諦めずに努力を続けたことがよかったのです。

人の意志は弱いもので、わかっていてもやめられない、ということはよくありません。ダイエットを試み、失敗し、リバウンドしてさらに太る……。ついつい食べ物を口にし、ついつい怠けてゴロゴロしてしまう。

そんなときに必要なのは、強い意志です。そして、決して諦めないことです。意志が弱いままでは、いつまでも、身体の悩みや肥満からくる病気から、解放されることはありません。強い意志と諦めない心で、弱点を克服しましょう。

62

目もあやな美しさを
もっている花に
匂いがないように、
よく説かれたことばも
実行されなければ無益である。

（『法句経　花の章51』より）

職業柄、よく法話をします。説教っぽくならないよう、できるだけ現実的な話をします。聞いている方は、多くが「うんうん」とうなずいています。法話が終わった頃には、「いい話だったね」などと言いながらお帰りになるのですが、法話の内容を実行する人は、そう多くはありません。いいお話も聞いただけではダメですよ、実行しないとね、と言っても、多くの方が「そうですね」と返事をしつつ、日常に戻っていくのです。

世の中には、啓発セミナーがたくさん開かれています。また、自己啓発本などもたくさん出版されています。そこで説かれる内容に、感化される方もいるでしょう。しかし、実践となると、これがなかなか難しくなるのです。はじめは気合いが入っているせいか、頑張れるのですが、そのうちにだんだん元に戻っていくのです。同じように、ダイエットや筋トレが身体にいいとわかっていても、サボったり怠けたりしてしまえば、意味はありません。身体にいいことも、心にいいことも、それを実行しなければ意味のないことになってしまうのです。

知識は実践・実行を通じて生きてきます。

63

梵行《ぼんぎょう》を行わずして、若いときに
財富を得なかった者たちは、
あたかも魚のいない池における
老いた鷺《さぎ》どものように死滅する。

（『法句経 老いることとの章155』より）

大金を稼ぐ人は、時に世の中から不興を買います。大手企業の役員やベンチャー企業の社長などが、報酬が多すぎるなどと叩かれることも珍しくありません。

しかし、よくよく考えてみると、高収入の人はそれなりに努力してきたのではないでしょうか。全員が当てはまるとは思いませんが、学業や仕事に努力して取り組んだ結果、高収入を得られるようになったのではないでしょうか。

お釈迦様は、人間は基本的に怠け者だ、と説いています。右の文にある梵行《ぼんぎょう》とは、一般の仕事のことです。若いときに仕事もしないで、何の努力もせずいい加減な暮らしをしたりすれば、年老いて苦しむことになるのだ、と説くのです。

確かに、年老いてお金も友人もない生活は、耐えがたいものでしょう。それも若いときの過ごし方によって決まってくるというのが、お釈迦様の教えなのです。

働ける身体や心を持っているにもかかわらず、怠惰に過ごしたり、目の前の欲望にとらわれて先のことを考えず過ごしたりすれば、苦しい晩年が待っているのは当然のことだと思います。それは、後悔しても遅いことですね。

目の前の欲望か、将来の希望か。あなたはどちらを選びますか?

64

お金の雨を降らせても、
人間の欲望が満足することはない。
欲望とは、思うようには
ならないものなのだ。

（『法句経　目ざめた者の章186』より）

仏教では、六道輪廻《ろくどうりんね》の世界——地獄・餓鬼《がき》・畜生《ちくしょう》・修羅《しゅら》・人間・天——を「欲界《よっかい》・色界《しきかい》・無色界《むしきかい》」に分けます。欲界は、欲のある者が住む世界。地獄から下位の天界に当たります。色界は、肉体と精神は存在するが、欲がなくなった世界。梵天《ぼんてん》の住む天界から、大自在天《だいじざいてん》の住む天界までの世界です（天界の中位）。そして無色界は欲も肉体も消滅した精神世界です（天界の上位）。一般的に天界は、下位の天界（欲界）を指します。中位以上の天界へは、なかなか生まれ変わることができません。

さて、この下位の天界は、快楽と欲望の世界でもあります。ほぼ、楽しいことしかない世界であり、欲望をほとんどかなえることができるといわれています。そのような世界で、自らに厳しく生きる自信は、私にもありません。

人間の欲望には際限がない、とお釈迦様は説きます。次から次へと欲しいものが生まれくる、それが人間です。

欲に溺れると、人は自分を見失うものです。気を遣うこともなくなります。常識も飛んでしまうかもしれません。皆さんはそんな欲に溺れないよう、満足を知り、賢い人になりましょう。

65

怠《おこた》りなきことは永劫の生の住居、
怠りは死の住居である。

（『法句経　怠りなきことの章21』より）

この句は元来、出家者に向けて修行の重要さを説いたものです。この句を私たちにあてはめて考えてみましょう。

私たちが怠るとは、仕事をしなくなる、ということです。もし、仕事をしなくなればどうなるでしょうか？　当然、収入がなくなります。しばらくは、貯金で生活ができるかもしれません。しかし、貯金も尽きれば、食料品を買うことすらできなくなります。怠けるようになれば、生活すらできなくなるのです。それは即ち、死に等しいことです。

私は、いろいろな相談を受ける中で、多くの方の人生を見てきました。その中で、「あぁ、やはり強いな」と思った人たちは、コツコツ仕事を続ける人たち、続けてきた人たちでした。そういう人たちは、収入もしっかりしていますし、定年後もよく働きます。貯蓄もしっかり残っています。また、年をとっても、身体をしっかり動かしているので健康的です。

怠らない、ということは、まさに未来に続く、永い生の住居です。未来の生のためにも怠ってはいけません。

66

あなたがたは不放縦《ふほうじゅう》を喜べ。
あなたがたは自身の心を守れ。
あなたがたは難所より
自身を救い出すがよい。

（『法句経 象の章327』より）

「放縦《ほうじゅう》」とは、「怠け」のことです。つまり右の言葉は、「怠け者でないことを喜びなさい」という意味です。

世の中には、できれば面倒なことは他人に任せ、自分は何もしないで済まそうとする怠け者がいます。しかしそんなことを続けていれば、「あのときサボらなければ、今こんな苦労はしないのに」と後悔するかもしれません。

一方で、世の中には真面目にせっせと働く人もいます。地道に身体を動かし、怠けることなく働く人がいます。世間ではそうした人が揶揄されることがあります。地味だ、面白みがない、陰気くさいなどと、陰口をたたかれることがあります。

でも、そうした非難の多くは、妬《ねた》みから生じる言葉ではないかと思います。本当は、人は真面目に生きたいのですが、真面目になるには努力が必要です。仲間はずれになるかもしれません。どうもそれを、格好が悪いと思うようになっているのではないでしょうか。

本当は、そんなことはありません。結局、感情に折り合いをつけられるのは、真面目で地味な人なのです。泥沼から出るには、地味な働き、努力が必要なのです。

67

怠けは怠けを呼び、
自らをスカスカな
ダメ人間にしてしまう。
そういう者は、
ちょっとしたことでくじけてしまう。

（『法句経　対句の章7』より）

実は私は怠け者です。もちろん、やらなければいけないことはします。ですが、お寺の仕事は、ひまな日もあります。仕事をするもしないも自分で決めることができますし、怠けようと思えば、怠け放題です。ですが、この怠け、自分にとっては大きな損害になってしまうのです。

私は真言宗の僧侶です。真言宗といえば、密教ですね。密教には、できれば毎日行うべき修行があります。それを行法《ぎょうほう》といいます。簡単にいえば御仏《みほとけ》と一体になる修行です。ですが、私は生来の怠け者のため、なかなか修行をしませんでした。若いときは特にしません。何かと理由をつけてサボっていました。しかし、怠けた者は、ますます怠けが身につき、スカスカのダメ人間になってしまいます。忍耐力のない、社会性の欠けた人間です。

幸い、私はそのことに気がつきまして、時間があるときは必ず修行するようにしています。遅かったかな、とは思いますが、挽回はできます。立ち上がるのに遅いことはありません。思い立ったが吉日。今こそ、怠けの悪魔の支配から脱出しましょう。怠け者の私が言うのですから、間違いありません。

68

若くて力があっても、
やるべきときに何もせず、何も考えない、
意思もない、何の思想もない、
ただ怠けて過ごす者は、智慧《ちえ》がないから、
そこから抜け出せないのだ。

（『法句経　道の章280』より）

怠けについて、もう少し私の経験を例にお話しします。私は筋金入りの怠け者で、小学1年のとき、将来何になりたいかという作文で「コタツに入ってミカンを食べ、うまいモノを食いながらTVを見てゴロゴロしていたい」と書いています。ともかく身体を動かすことが嫌いで、大人になっても「運動すると寿命が縮む」と言って、一切の運動をせずに過ごしました。

しかし、代償は体に現われました。50歳過ぎからなんでもないところでよく転び、物を掴めば落っことし、ちょっと歩けば息が切れます。そして50代後半のとき、筋力を測るイベントで70代の身体と指摘されて、大恥をかいてしまいました。

これをきっかけに、ボルダリングを始めました。やってよかったと思う一方、早く始めればよかったと後悔もしています。ジムでは70代の方でも溌溂《はつらつ》としています。「若い頃から鍛えていたからね」と言う姿を見て、後悔のため息が漏れます。

体力に限らず、若い頃はエネルギーがあふれていますが、怠ければエネルギーは失われる一方です。自分は大丈夫だと思わず、エネルギーの使いどころを考えてみてください。

69

以前のように怠けない者は、
あたかも雲から離れた月のように、
この世の中を照らす。

（『法句経　世の中の章172』より）

前項のとおり私は怠け者でしたが、僧侶になり、檀家のないお寺を任されてからは変わりました。怠けていては、生きていけないからです。

とはいえ、実は住職になってからも、怠け心は完全には消えませんでした。ついつい、ひまがあるとだらけてしまいます。やることは沢山あるのですが、「面倒くさい、後でいいや」と口にしてしまいます。

当人は気づかないものですが、怠け者は周囲の世話になって生きています。自分でやるべきことを、他者に頼っているのです。この点を無自覚のまま放っておけば、現実を直視できず、独りよがりの人間になってしまいかねません。

ここから抜け出すためには、怠けを自分なりに分析し、抜け出す決意を固める必要があります。

私も還暦を過ぎ、やっと怠けから脱出できるようになってきました。まだまだ、世間を照らせるような僧侶にはなっていませんが、いずれそうなれるように願っています。それは「面倒くさい、後でいいや」という言葉が完全に出なくなったときに成就するのだと思います。

70

自分の所得を買いかぶるな。
他の者たちをねたむな。
他の者たちをねたむ托鉢者《たくはつしゃ》は、
心の安まることがない。

（『法句経　托鉢者の章365』より）

この句は、托鉢者《たくはつしゃ》＝修行者に向かって示された句ですが、自惚れも妬《ねた》みも、一般の人々の心にも存在するものです。そこに修行者・一般人の差はないですね。

自惚れることを仏教では「増上慢《ぞうじょうまん》」といいます。増上慢とは、「自分はすごい」と思い、「自分は悟っている」と自惚れてしまうことをいいます。増上慢になれば、それ以上の成長は望めません。自惚れた者は、他者の意見を聞かないし、学ぼうとしません。

妬みは、誰の心にもあるものでしょう。私も住職になりたての頃は苦労が多く金銭的にも辛い日々が多かったため、大きなお寺の住職さんや息子さんを羨ましく思ったり、妬んだりしたものです。それを励みに頑張ってもきたのですが……。

妬みが怨みにつながっていくと、ちょっと問題です。心に余裕がなくなっていき、次第に相手に意地悪をしたり、悪意が生まれてくるのです。それは、苦しみしか生みません。バレたらどうしようと、不安に苛《さいな》まれるようになってしまいます。

自惚れは成長を止め、妬みは不安を生みます。誰を妬むことなく、自惚れずに、謙虚に学び続けること、それが成長を促し、不安を解消する方法なのです。

71

自分は賢い、優秀だ、
できる人間だ、などと
自惚れている人は、
正真正銘の愚か者である。

（『法句経　愚か者の章63』より）

ダイバダッタというお釈迦様の弟子は、お釈迦様の弟子の中で自分が最も優れていると思い込んでいました。

ある日、高齢になったお釈迦様に引退を勧め、自分が教団を率いることを提案します。提案を拒否されると弟子になったばかりの者を欺《だま》して引き連れ、自分の教団をつくってしまいます。高弟たちが弟子を取り返すと、あろうことか、お釈迦様の命を狙いますが、企ては悉く失敗。最後は自分の爪に仕込んだ毒で、自分を誤って引っ掻いて死んでしまいます。

お釈迦様は、「増上慢《ぞうじょうまん》になってはいけない」と説きます。増上慢とは、「自分が一番賢い、自分が一番」という態度の者です。いわゆる「オレ様」ですね。こういう人は、周りの意見など聞き入れません。聞いても右から左の、本当の愚か者です。

自分のことを「全然できない、ダメ人間だ」と自覚する人のほうが、実は賢いのです。そういう人は学び、成長することができるのです。

自分は賢いなどと自惚れるような愚か者には決してならないでください。そういう者の最後は、ものすごく惨めなものなのです。

72

出家者であろうと在家であろうと、
「私しかできない、私のおかげだ」と
思ったり、
「何でも自分の思いどおりになる」と
思ったりするのは、愚か者の思いであり、
欲望と自惚れの何ものでもない。

（『法句経　愚か者の章74』より）

ものすごく自惚れの強い人と出会ったことはありませんか？　漫画やドラマではよく見かけますよね。「これは俺にしかできない」とか「何でも私の思うままよ」といったオレ様的キャラのことです。

実社会にも、こうした人はいます。特に自称霊能力者には多いような気がします。

「これは私にしかお祓いはできない」

「この霊は、私だからこそわかるのだ」

仏教を知っている方が見れば、こうした台詞は一笑に付されるのではないかと思います。お釈迦様は、「自分にしかできない」とか「自分の思うままになる」などということを決して思ってはいけない、と説いているからです。こうした考えは、愚か者の考えであり、自惚れの強い増上慢《ぞうじょうまん》だからです。

あなたの会社や職場でも、自惚れの強い人はいるのではないでしょうか？　そうした自惚れの強い人は愚か者です。だからといって、蔑んではいけませんよ。適当に流しておけばいいだけです。自分が自惚れの強い人にならないようよくよく注意してください。

73

賢く、智慧《ちえ》あり、広く学び、忍耐強く、
礼儀正しく、高貴で、聡《さと》き人に従え。
たとえば、月が天体の軌道《きどう》に従うように。

（『法句経　静安の章208』より）

充実した生活を過ごしている人や成功した人の話を聞くと、「今の自分があるのは、あの人のおかげです」という答えが返ってくることがあります。

謙虚にそう言っている場合もあるでしょうが、出会いに大きく影響を受けることは、確かにあると思います。特に若い頃は、他者から大きな感化を受けるものです。しかし、そこには危険も含まれています。

出会った相手が、賢く、尊敬でき、周囲からも慕われて、上品で謙虚な人ならば、それはとてもいいことでしょう。少なくとも周囲から慕われ、罪を犯さない人であれば、いい影響を受けることもあるでしょう。しかし、周囲に迷惑をかけてばかりいるような人と出会い、引きずり込まれてしまったら……。

正しいと思ってつき合っていたけど、いつの間にか違う道に、ということはよくあります。好きになったり、惚れこんだりすれば、判断が鈍ることもあるでしょう。

さて、今あなたが付き合っている人物は、本当に安心できる人でしょうか？　違うのであれば、勇気をもって別れることも必要です。今の欲望か、将来の安楽か、その選択を間違えないようにしてください。

74

勝手気ままな人は、欲望も多く、
気移りが激しい。
そういう人は、まるで猿のように、
あちこちで欲望を振りまき、
気まぐれに行動をする。

（『法句経 渇望の章334』より）

友だちや知り合いの中に、気ままな人がいるのでしたら、その人とのおつき合いはやめたほうがいいでしょう。気ままな人は、周囲のことなど目に入りません。気を遣っている振りをすることもあるでしょうが、本心ではないでしょう。つき合ってもらえないといけないからという、自己保身です。

気ままな人の欲望は、転々とします。気になったものが急に欲しくなる、というように、とめどなく次から次へと欲望が連鎖していくのです。それをお釈迦様は、

「森の中で果実を求める猿のようだ」

と言ったのです。猿が食料を求め転々と移動する姿と同じだ、と説くのです。

またお釈迦様は、

「たとえ黄金の雨を降らそうとも欲は消えない」

とも説いております。特に気ままに振る舞いがちな人は、広がりも大きくなりやすいので注意が必要なのです。欲望の行き着く先は、苦しみの世界です。周囲からも見限られ、自分の行為によって自分の首を絞めることになるのです。私たちは猿ではありません。人間なのです。理性で、欲望にブレーキをかけてください。

75

友人は選ぶべきだ。
悪い友人と一緒にいると、
自分も悪くなる。
お互いを高め合うような
友人でないなら、
つき合う必要はない。

（『法句経　賢者の章78』より）

人間は集団になると、その中で最も智慧《ちえ》や精神が低い人に合わせがちになるそうです。それは、自分より劣る者に合わせることが楽だからでしょう。

もし、あなたの友だちが、マナーを守らず、仕事や交友関係がいい加減ならば、すぐに縁を切るべきでしょう。そういう者とつき合うと、自分のレベルが下がります。「私がこの人をしっかりした人間にしてあげる」という方もいますが、その願いは叶わないと思います。挫折するか、自分も同じ道に入ってしまいます。

できれば、自分より勝れた人、上品な人とつき合ったほうがいいですね。大事なのは、人選です。金持ちを鼻にかけるような人は、善き友人ではありません。見栄を張ったり、威張ったり、地位や名誉をひけらかす者は、悪しき友人なのです。

仏教では「善き友人」のことを「善知識《ぜんちしき》」とも呼びます。それは、「わきまえている人」「お互いに高め合える人」のことです。状況に応じた言動がとれる人。励まし合い、助け合うことができる人。それが善き友人なのです。

どうしても見つからない、というのなら、自分が善き友人になればいいのです。そうすれば、自然に自分に合った善き人が集まってくるものです。

第4章

後悔・悲しみとの向き合い方

76

世の中の浮ついた流れから
抜け出る者だけが、
安楽に至ることができるのだ。

（『法句経　世の中の章１７４』より）

この世は、人々の欲望で燃えさかっています。人々は、流行のものを手に入れたいと欲を持ち、人気のレストランやグッズに夢中になります。

欲を持つこと自体には、問題はありません。問題なのは、流行に振り回され、深く考えることもせず、自らの欲のままに走ってしまうことです。

また、情報の真偽を確かめもせず、情報に乗せられ、欺《だま》されてしまう愚かさです。

世の中には、そうした心の愚かしさにつけこんで、詐欺をはたらく者もいます。欲望は後悔や悲しみをはじめとした悩みを生み出す、やっかいなものなのです。

右の言葉は、「この世の中は、暗く苦しいものである。そんな世の中で、何が善くて何がいけないのか、深く考える者は少ない」という文言に続くものです。お釈迦様はさらに、洞察せよ、と説きます。それは、この世は苦の世界であり、欲望の炎が渦巻いている世界だと知りなさい、ということでしょう。

欲望に従う前に裏を取る、もう一歩先を考えてみることが肝要です。世の中を観察し、何が正しいか、何が間違いかをよく知ることができた者だけが、真理に近づくことができるのです。

77

善いことをした者は、
この世でも死後でも
喜びを得ることができる。

（『法句経 対句の章15』より）

昔々、中国の皇帝が達磨大師《だるまだいし》に、仏教とは何かと問いました。達磨大師は、「善きことをして悪しきことをしない、それが仏教です」と答えました。皇帝は、「そんなことは三歳児でも知っておるわ」とむくれますが、大師は「知っていても実行できていない」と言い返します。皇帝は何も言い返せませんでした。

悪いとわかっていても罪を犯し続ける人は、残念ながら存在します。そういう人たちは、罪によって苦しむこと、憂うことはないのかと思うことがあります。

罪を後悔しなくても、その報いはやってきて、苦しむことになります。年を経て、心身ともに思うようにならなくなると、罪の報いは大きくのしかかってくるのです。そして、それは死後も続くのです。

死後の世界なんてない、と思っている人は多いと思います。ですが、仏教では死後の世界も説いています。否、仏教だけでなく、ほとんどの宗教が死後の世界、悪いことをした者は地獄へ行く、ということを説いているのです。

簡単なようで難しいことですが、憂うような人生を過ごしたくないのなら、「善いことをして悪いことをしない」。ただそれだけなのです。

78

やってはいけないこと、
自分のためにならないことを
やりたくなってしまうのが人間だ。
自分のためになること、
好ましい行動は、
なかなかできないものである。

（『法句経　己の章163』より）

一説によりますと、人間の脳は、やってはいけないことをやると快感を覚えるのだそうです。言われてみれば、子どもの頃、親に注意されたことをあえてやると、何だか気分がよかったという記憶があります。人間の脳は、やっかいですね。だからこそ、世界の宗教は、戒律をつくって人間の行動を戒めたのでしょう。法律も、人間の弱さを縛るためにできたのだと思います。

逆に、やるべきことにとりかかれないという人も、いるのではないでしょうか。ついつい面倒になって、後回しにしてしまう、そんな経験はないでしょうか？　そんな自分に嫌気が差したり、落ち込んだりすることはないでしょうか？

人間は弱い生き物です。やるべきことは少しくらい億劫に思っても、いいのではないでしょうか。早くやらなきゃ、と焦るよりも、少し余裕を持って、後回しにしているのだ、ととらえるのもいいのではないかと思うのです。

焦りよりも、余裕を持ったほうが、いい結果が得られるのではないでしょうか。そう思えば、少しはサボることも許されますよね。少しずつ、できることからやっていけばいいのです。

79

誰でも打たれ強くはない。
この世の中において、
誰もが誹謗中傷を気にかける。
誹謗中傷を、謙遜をもって
抑制しようとする者がいるだろうか。

(『法句経　暴力の章143』より)

ネット上での誹謗中傷が問題になっています。悪口雑言だけでなく、人格否定の言葉を執拗に発信する人がいます。その結果、精神的に耐えられなくなり、自ら命を絶つ方もいます。

そうした誹謗中傷がどれほど卑劣なものなのか、考えたことはないのでしょうか？　名前を隠し、正体を見せずに心ない言葉で相手を責める。そんなことで、自分が優位な立場に立ったとうれしいのでしょうか？　憂さ晴らしになるのでしょうか？　ネットに書き込んでいる自分の姿を、一度想像して欲しいですね。

そうした誹謗中傷に対抗する術を、お釈迦様は説いています。一つは、「そういう批判は、すべてあなたにお返しします」という、言葉の受け取り拒否です。また、誹謗中傷する人を「かわいそうな人」と哀れむくらいになるといいと思います。ちょっと高見から、見下ろすくらいの心の強さをもって欲しいですね。

ネット上で予期せぬ誹謗中傷にさらされた場合、相手にしないのが一番です。それを無視する勇気や強さを備えましょう。傷つけられた場合は、法的手段に訴えて相手に断固たる態度をとるのも手です。

80

ひとかたまりの岩が
風に揺るぐことがないように、
賢者たちは誹謗《ひぼう》と称讃の中に
あって動くことがない。

（『法句経　賢者の章81』より）

お釈迦様は、賢い者は、誹謗中傷《ひぼうちゅうしょう》にも称讃にも心を動かされない、と説きます。大きな岩が嵐にも揺るがないように、どんな誹謗中傷にも称讃にも、どちらにも何も感じない者が、賢い者なのだ、と説いています。

そんな賢い人は、おそらく圧倒的に少ないでしょう。誹謗されれば誰でも傷つきますし、褒められればうれしいものです。誹謗にも称讃にも反応しないというのは、そう簡単ではありません。

しかしこの言葉は、心を強く持ちなさい、という根性論ではありません。お釈迦様はきっと、他人の無責任な言葉に振り回されない、賢い人を目指すことが大事だ、と言いたかったのだと思います。誹謗する人も称讃する人も、その場限りの言動であって無責任だから気にするな、という意味が、込められていると思うのです。

確かに、深い考えがあって誹謗中傷や称讃をする人は、そう多くないでしょう。相手が大して考えもせずに言ったことにイチイチ心を動かされるほうが、愚かなのかもしれません。そう思えば、なるほど、賢い者は、誹謗や称讃の中で動かないのだ、と理解できるのではないでしょうか。

81

他の人のためであっても、たとえ
それがとても重要なことであっても、
自分のやるべきことを捨ててはいけない。
自分の義務を知って、
自分の義務にまず専念しよう。

（『法句経　己の章166』より）

ドラマや小説などでは、仕事や家族の大事を放っておいて、友人を救いにいく、という展開がありますよね。そういうシーンが感動を誘うのでしょうが、いやいや、違うでしょう、と思ってしまいます。

まずは自分の仕事を片付けよう、家族の大事を解決しようよ、と思うのです。友人に感謝はされるかもしれないけど、あとは面倒事しか残らないと思うのです。こんな思いではドラマなど見られませんけどね。

会社でも、学校でも、ご近所でも、自分のやるべきことを横に置いて、世話を焼く人がいます。こういう人は、ひとりで大変がっていたりしますよね。自分のことができないと言いつつ、他人の世話を焼いている。中には、やるべきことから逃げたくて他人の世話をしている、という方もいるのではないかと思います。

他人の世話の前に、まず自分がすべきことを終えるべきでしょう。やるべきことを棚に上げ、他人のことにかまけるのは、筋違いではないかと思います。自分のことすらできない人が、他人の助けが十分にできるとは思えません。まずは自分のことを全うすることで、周囲からの信用も得られると思いますよ。

82

やってしまってから嘆いても
後悔しても遅いのだ。
やってしまった罪の報いを受けて
泣いてもどうしようもない。
そうした行為は、
立派な行為とはいわない。

（『法句経　愚か者の章67』より）

「あぁ、やってしまった、どうしよう」と頭を抱えることを、誰しもが経験します。自分を責め、周囲からも責められ後悔するかもしれませんが、それでは遅いのです。

はじめは「そんなことを言われても」と反発する気持ちが強いかもしれませんが、じわじわと後悔に襲われ、嘆き、苦しむことでしょう。なぜやってしまったのか、それは本人にもわからないかもしれません。それは、ほんのちょっとした心の隙間や油断を狙ってやってくるものなのかもしれません。

こうした事態を避けるためには、言動の前によく考えることが大事です。やっていいことか、言ってもいいことか、それを何度も考えることですよね。

もちろん、よく考えたのに「やってしまった」と後悔することもあるでしょう。その場合は、なにが原因だったのか、よくよく振り返ってみることです。どこがダメだったのかを検証するのです。

やる前に考える。やってしまった後になぜそうなったかを検証する。この二つを実践するだけで、きっとあなたの行動から、「あぁ、やってしまった、どうしよう」という後悔は、消えていくと思います。

83

誰でも暴力を振るわれることは嫌だ。
誰だって本当は生きたいものだ。
自分がそう思うからこそ、
他者に暴力を振るってはいけないし、
命を奪ってはいけない。

（『法句経　暴力の章130』より）

毎日のように、暴力事件や殺人事件が報道されています。最近はＳＮＳなどを通じ、殺人依頼をする人もいます。するほうもするほうですが、応じる者がいるのも愚かしいことです。暴力が世間を騒がすことは、お釈迦様がいらした時代でもあったことです。人間はなんて愚かな生き物なのだろう、と思ってしまいます。

人は、きっと頭ではわかってはいるのでしょうが、ついつい他人が嫌がることをしてしまうことがあると思います。「そんなことはしたことない」という方もいるとは思います。ちなみに、私は「してしまった」ほうに入りますが……。

誰も暴力を受けることなど、望んではいないのです。たとえ、怨《うら》まれるようなことをしたとしても、非が自分にあったとしても、暴力を振るわれたくはないし、殺されたくはありません。勝手な言い分かもしれませんが、それが本音でしょう。

人が嫌がることをしない。簡単なことに思えますが、実践するには困難が伴います。そんなときはぜひ、暴力は誰もが望んでいないという、お釈迦様の言葉を思い出していただきたいです。２５００年前から人の心は成長していますよ、お釈迦様、安心してください、と胸を張って言いたいですよね。

84

無意味な語からなることばは、
たとえ千あるにしても、
聞いて静まりを得る
一つの有益な語のほうが
すぐれている。

（『法句経　千の章100』より）

ものすごく落ち込んでいるとき、TVのお笑い番組などを見て、気を紛らわせようとすることがあると思います。友人とバカ騒ぎなどして、何とか気分を変えようとすることもあります。しかし、お笑いも気晴らしも、全く心に響かなければ、深い落ち込みから抜け出すのは大変です。

そんなとき、ふとしたことがきっかけで――たとえば、ふと本屋で手に取った本を見て――「あっ！」と思ったことはないでしょうか。「この言葉を私は待っていたのだ」という出会いはないでしょうか？

そんな出会いはない、という方は、仏教の言葉をぜひ検索してみてください。仏教の言葉は、「八万四千の法門」と言われるくらい、多くの教えが詰まっています。またあらゆる人に、救いの手も差し伸べています。手が千本もある千手観音様も、いろいろな悩み願い、すべてに対応していますよ、ということを示しています。

多くの言葉より、たった一言で、癒やされる、救われる言葉が仏教の言葉にはあります。お寺に行って、ご住職の話を聞いてみるのもいいでしょう。あなたの心を落ち着ける有益な言葉が聞けるかもしれません。

85

黙っていても非難されるし、
沢山しゃべっても非難されるし、
少しだけしゃべっても非難される。
世の中に、非難されない人はいない。

（『法句経　怒りの章227』より）

「この世で非難されない人はいない」

お釈迦様は、そう説きます。確かに、学校であろうと、職場であろうと、誰かが誰かに非難されています。無口で人づき合いがあまりない人であっても、よくしゃべる人であっても、普通の人であっても、非難の対象になります。

パソコンやスマホが一般的になる前は、公で非難されるのは政治家や芸能人、企業のトップなどでした。しかし近年はＳＮＳを通じて、誰もが非難されるようになりました。ＳＮＳをやっていない人も、いつの間にかネット上で非難の対象となることがあります。いつどこで誰が非難されてもおかしくない、そんな時代なのです。

こんな時代に生まれた以上、思わぬことで非難されるのは仕方のないことです。辛いですがこれを前提に、非難されたときの心構えを身につけることが大事です。

この世に非難されない者がいないならば、非難する者も非難の対象となります。いつか報いを受けるでしょう。そう考えて無視するなり、法律など社会のルールに基づいて対処するなり正しい選択肢を選んでいけば、悲しみを減らすことができるはずです。

86

もし、善いことをするならば、
これは何度もしたほうがいい。
一回だけではなく、
善いことをする習慣を身につけよう。
それは、安楽につながっていくのだ。

（『法句経　悪の章118』より）

善い行為というのは、なかなかできません。ですが、ほんのちょっとした善いこと、たとえば、道で困っている人を助けるということでも、その後はいい気分になりませんか？　ならば、それを繰り返せば、もっと気分がよくなっていくのではないでしょうか？　悪の積み重ねが苦悩の元ならば、善の積み重ねは安楽の元になるのです。

辛いことがあって、ひどく落ち込んでいるようなときでも、ちょっとした善いことをやってみると、少しは気分が晴れるものです。近所のゴミを掃除した、コンビニなどでおつりを寄付してみた、電車やバスで席を譲った、そんな些細な善いことであっても、少しは気分が変わるのだと思います。

また、それを続けることにより、やがて落ち込みから脱出することもできるのではないでしょうか。日頃やらないような、小さな善行は、意外にも心の暗さを変えてくれるものなのですよ。

小さな善行だからといってバカにしてはいけません。チャンスがあるのなら、小さなことでも実行してください。それが安楽を得る第一歩となるのです。

87

人は、いろいろな苦悩から逃れるために、
山や海や森林、憩《いこ》いの地、
神社仏閣などへ行く。しかし、
それは、一時的には癒やしてくれるが、
最上の依《よ》り所《どころ》ではない。

（『法句経　目覚めた者の章１１８』より）

何か辛いことがあったとき、一人旅をする方がいます。自分探しの旅、などといって、山や海など自然の中を散策する人もいます。しかし、そうした旅をしてみても、結局時間が経てば、虚しい心境になるのではないかと思います。

神仏に祈る方もいます。いろいろな御祈願をしたり、写経などの宗教体験をしてみたり……。そのときは、きっと気分がスッキリしてやる気も出るのだと思います。しかし、それも一時的なことでしょう。日常に戻れば、また様々な苦悩に出会うのです。では何を心の依り所《よりどころ》とすればいいのでしょうか。

お釈迦様は、「法（教え）を依り所とし、己を依り所とせよ」と説いています。人に頼ったり、祈りに頼ったりしていてもダメだ、ということです。

仏教の法というと難しそうに聞こえますが、実は当たり前のことを説いているだけです。現実を自分の思うようにしたいと望むから、歪みが生まれ悩むのです。

癒しを求め、海や山、神社仏閣に行くのは悪いことではありません。しかし、それは一時的な安らぎに過ぎないことを認識したほうがいいでしょう。本当の苦悩の解決は、現実を拒否せずしっかり受け入れるところから始まるのです。

88

事が起こるときに連れがあるのは楽しい。
満足するのは、いずれにしても、楽しい。
善をなせば、命終わるとき楽しい。
あらゆる苦悩を滅ぼすことは楽しい。

（『法句経　象の章331』より）

仏教では、尊敬に値する人物、志を同じくする修行仲間を「善知識《ぜんちしき》」といいます。善き仲間と一緒なら、いいことがあったとき、喜びが増えている気がしませんか？逆に悪いことがあったとき、誰かが一緒のほうが不安は小さくなりませんか？

仏教には厳しい修行もありますが、苦悩を滅する前向きな考え方も、数多く説いています。満足感を味わうことを説くのも、その一例です。もっともっと、と欲望を出すよりも、「あぁ、これで満足だ」と限度をもうけて納得したほうが、心地よい気分になるのではないでしょうか。

善いことをする、それも心地よいことの一つです。ちょっとした親切や人助けなど、小さな善いことでも重なれば、大きな喜びや楽しい気分になるのではないでしょうか。

このように、心の軽さ、楽しさを得る術《すべ》を説くのが、本来の仏教です。悩み事がなくなれば、気分は晴れやかになるでしょう。考え方を変える努力を続ければ、きっと自分の中にある、いろいろな苦しみや悲しみ、悩みや憂い……そうしたことから自由になれるはずです。

89

多くのことを語れるからと言って、
賢いとは限らない。
その言葉に優しさがあり、怨《うら》みがなく、
恐れもない者が賢い者といわれるのだ。

（『法句経 公正な人の章258』より）

世の中には、やたらとしゃべる方がいます。わざと話し続けているのか、それともそういう癖なのかわかりません。そういう人の中には、偉ぶっている人や何でも知っているよという顔をしている人もいるものです。

話している本人は気づきませんが、多くを語るからといって、その人が偉いわけでも、賢いわけでもありません。むしろ、でまかせやいい加減な話、相手が望まぬ長話などをしていては、自分が愚かだと言っているようなものです。

大事なことは、心がこもった安心感のある言葉で伝えることでしょう。「あなたの気持ちはよくわかるよ」と言う方がいますが、私はそういう人を信用しません。そう簡単に他人の気持ちなんてわかるわけがないと思っているからです。

伝えることが難しいといわれている今日この頃ですが、そもそも言いたい内容が相手にすべて伝わることはありません。だからこそ、言葉を尽くすことが大切になるのですが、語る中身が自分勝手なものであれば、問題です。

あなたの気持ちを伝えようと思うのなら、心のこもった安心のある、飾りや嘘、怨みや怖れのない言葉で多くを語ることが大切なのではないでしょうか。

90

他人を苦しめて、
自身の安楽を望む者は
怨《うら》みの絆に結ばれて、
かれは怨みより抜けられない。

（『法句経　種々なるものの章２９１』より）

絆の中には、いい絆と悪い絆があると思います。右の言葉は悪い絆である、「怨《うら》みの絆」について触れています。

怨みの絆と結ばれるのは、自分のことばかり考えて他人を苦しめる人です。一度つながってしまうと、抜け出すのはなかなか困難です。

他人を散々苦しめて、不幸にして、それでものさばっている嫌なヤツも沢山いる、と思われるかもしれません。しかし、私はそうは思いません。悪因は必ず、悪い結果となって返ってくるのです。

他人を不幸に陥れれば、必ず怨みを買います。話を知った周囲の人たちからも不評を買うことになるでしょう。当人も、心の奥底では罪の重みを少しは感じるのではないでしょうか。そう見えないのは、罪の意識から逃れようと、無意識のうちに自己正当化しているのかもしれません。

自分の幸せや安楽を望むのなら、自ら正攻法で手に入れるべきです。他人を苦しめても、怨みの絆にとらわれ抜け出せなくなります。一時は気が紛れるかもしれませんが、その気の紛れもひとときの幻で終わってしまうでしょう。

91

非難されたならば、
耐えることも必要だ。
なぜなら、その非難をする者たちは、
不徳の者だからである。
そのような不徳の者に言い返せば、
際限がなくなるのだ。

（『法句経　象の章320』より）

ある日、お釈迦様の前に、大きなお腹をしたチャンチャーという女性が現われました。彼女はなんと、「このお腹の子は、お釈迦様の子だ。お釈迦様は、毎晩私の元に通っていたのだ」と大声で宣言します。結果、仏教教団は白い目で見られるようになりました。弟子は他所へ移ることを提案しますが、お釈迦様は動きません。

チャンチャーが再びお釈迦様の前に現われたとき、お腹は子どもが生まれんばかりに大きくなっていました。「さぁ、父親として認めろ」という彼女。そのとき、彼女の足下に布の塊が落ちます。お腹に布を隠していたのです。チャンチャーはあわてて逃げ出し、人々は、以前のように教団を支えました。

この話は、ちょっとしたことで人の心は離れてしまうということを、教えてくれます。街の人々はチャンチャーを疑うこともせず、信じてきたお釈迦様や弟子たちに、掌返し《てのひらがえし》をしました。チャンチャーの嘘がわかると、また掌返しです。

お釈迦様は、多くの者が何も考えず、批判や噂に振り回される、信念のない生き方をしていると知っていました。だからこそ、批判にあらがうよりも、あえて耐え忍んで、態度で真実を示すことを選んだのです。

92

深すぎる情愛から
心配事や悲しみ、
憂い、苦しみが生まれる。

（『法句経　逸楽の章213』より）

相談に来られた方と話をしていると、「情がないのですか?」と聞かれることがたまにあります。情にとらわれないようにしているだけなのですが、なかなか理解してもらえません。

仏教でいう情愛とは、「情にとらわれた状態」を意味します。「愛」は「LOVE」ではなく、「執着、妄執」です。お釈迦様は、「情より愛が生まれ、愛より苦が生まれる」と説いています。情も深くなりすぎれば、苦しみを生んでいくのです。

ある対象に強く深い情を注げば、その対象が消えたとき、ショックは計り知れません。強い苦しみが生じるのです。その対象は、ペットであったり、親であったり、子であったり、配偶者であったり、思い出の深い品であったり、様々です。

お釈迦様は、決して情をなくせ、情を注ぐな、と言っているわけではありません。情は、少なすぎれば薄情となります。冷酷な人間、となってしまうでしょう。情にもバランスが大事だ、とお釈迦様は説くのです。

情にとらわれないようにするには、「すべての生き物・物質は、いずれ滅び、いずれ亡くなる」とまずは理解しましょう。それが、妄執を避ける第一歩です。

93

空でも海でも山の中でも、
どこに行っても、
この世界で死がやってこない場所は、
どこにも存在していない。

（『法句経 悪の章128』より）

生があれば死がある、これは絶対的な真理です。この世に生まれた以上、それが生命体であれ、物質であれ、死がやってこないことはないのです。

仏教では、あらゆる死を寿命と理解します。自然死であろうが、病死であろうが、事故死であろうが、災害による死であろうが、誰のせいでもない、すべて寿命だと説きます。その死がどんなに納得いかなくとも、寿命であると受け止め、耐え忍びなさいと説くのが仏教です。ただし、自死、自殺を除いて、です。

仏教は自殺を認めていません。それは、修行を途中で放棄したことになるからです。人は、この世に修行をするために生まれてきたのだ、と仏教では説きます。前世での罪を清算し、善行をして徳を積み、次は人間以上の者——天界の人々——に生まれ変わるように生きる、それがこの世に生まれた者の修行であり意義である、と説くのです。自殺は、その修行や意義を途中で放棄して、逃げることになります。

人生から逃げたいときは、現状から逃げましょう。家族、イジメ、学業、失恋、金銭苦など、どんな苦に悩んでいるとしても、生きていることのほうが大事です。八方塞がりなんてありません。どこかに抜け道はあるのです。

94

遺骨に、その人の「我」はない。
遺体に、その人自身はもういない。

（弘法大師『般若心経秘鍵』より）

仏教は、六道の上位にある、生まれ変わりのない世界も説きます。頂点は、仏様の世界である仏界。次いで、様々な菩薩様がいらっしゃる菩薩界。その下が、自然を見てふと悟りを得た者の世界である縁覚《えんがく》。最後を声聞《しょうもん》といい、仏様や菩薩の教えを聞いて悟った者が行く世界です。その中の声聞の境地を示したのが右の言葉です。声聞に至るには、人に対する執着心をなくさねばなりませんが、特に異性に対する執着をなくすのは、困難です。そこで修行僧は、人はやがて腐って死ぬのだ、白骨になるのだと瞑想し、人に対する執着心を減らしていくのです。

仏教では、遺骨や遺体は物質に過ぎない、と説きます。遺骨や遺体に、「我」や魂は存在しません。極端な言い方をすれば、魚の骨も人間の骨も同じ物質です。

もちろん、亡くなられた方を偲《しの》ぶのは、悪いことではありません。ですが、いつまでも悲しみに沈んでいては、心は満たされません。魂は遺骨ではなく、遺族の心の中にあると考えてみましょう。亡くなられた方は悲しむあなたを見れば心配し、不安になるでしょう。遺族がすべきことは、幸せに生きてみせることです。それが亡くなった方が望んでいることだと思います。

95

悩みや苦しみを経験しなければ、
大事なことは得られない。
悩みや苦しみを知っているからこそ、
他人の苦も理解できるのだ。

（『維摩経』より）

お釈迦様の心の底には、死への恐怖があったと思います。お釈迦様は、自分が誕生したことにより、母親を亡くしました。それを知った幼いお釈迦様――シッダールタは、強く傷ついたことでしょう。

この苦悩から解放されるために、シッダールタは、いろいろなことをしたそうです。その中には、快楽に溺れるということもあったそうです。しかし、それでも苦悩から解放されることはありませんでした。

そんなお釈迦様が悟りを得ることができたのは、悩みや苦しみから解放されたい、と望む心を大切にしたからです。幼い日のお釈迦様が、「なぜ人は死ぬのか」と悩み、その原因を見つけようとしたように、まずは悩みの原因を見つける、それが大事です。原因がわかれば、対処方法も見つけられるでしょう。

悩みや苦しみは、決して悪いものではありません。苦しみや悩み、憂いがあるから、人に優しくできるのです。苦しみや悩みのない人は、苦しんでいる人の本当の心は理解できないのです。

悩みや苦しみの原因が何なのかをよく考えて、解放されてください。

96

孤独の味わい、静安の味わい、
真理の喜びの味わいを
味わうならば、
怖れもなく、過ちもない。

（『法句経　静安の章205』より）

孤独が嫌だ、という方は多いのではないかと思います。若い方も、ご高齢の方も、独りは寂しい、と言います。しかしそう言いつつも、自分だけの時間が欲しい、という方もいます。独りは寂しいけど、いつも誰かと一緒というのも煩わしい……。

気持ちはわかります。独りだったらさっさと済むことが、友だちと一緒だと余計な時間をとらなければならなくなる。その反面、孤独は気楽で、自由です。

独りで好きな音楽などを聴きながら、お酒を片手に好きな本を読む。そんな時間を過ごせたら、どんなに幸せだろうと、私も夢見たことがあります。心を休ませ、日頃のストレスを解消することもできますし、その静かな時間に、真理に思いをはせることができれば最高だと思います。

真理とは、仏教で説く教えです。諸行無常、諸法無我《しょほうむが》、この世は苦の世界だと知ること、縁や因果応報によって世は成り立っていること、などです。

人間関係が煩わしいと思ったら、時には外部との接触を断って、独り静かにゆったりとした時間を過ごしてみてはいかがでしょうか。案外、穏やかな環境に身を置けば、気持ちも好転するものです。

おわりに

いかがでしたか？　あなたを悩ませる感情に折り合いをつける言葉は、見つかったでしょうか？

仏教とは、「仏陀《ぶっだ》の教え」です。仏陀とは、お釈迦様のことです。仏教の意味には、もうひとつ「仏陀になるための教え」という意味もあります。

お釈迦様は、すべての欲望に打ち勝ち、すべての感情をコントロールできるようになり、真理を悟って仏陀になりました。つまり、真理に近づくには、欲望を克服し、すべての感情を穏やかにコントロールすることが必要だったのです。だからこそ、仏教には感情に関する教えが多いのでしょう。

「和尚さんは、怒ったことがないのですか？」

と、たまに尋ねられることがあります。もちろん、私も人間ですから、怒ったことはあります。が、ここ数年、声を荒らげて怒るようなことはなくなりました。怒りや悲しみ、後悔、妬《ねた》み、羨みなどの感情は、ほとんどありません。それは、仏教の教えを学び、修行してきたからでもありましょう。

人は、うまく感情をコントロールできません。ついつい、声を荒らげてしまうこともあります。突然、涙があふれるなどということもあります。様々な感情を表に出してしまうのが人間であり、その感情に振り回されてしまうのも人間です。そうして、悩みや苦しみを抱えるのです。

そうした悩みや苦しみから解放され、少しでも感情をうまくコントロールできるようになるために、本書が役立てばありがたいことだと思います。

皆様が、悩みや苦しみなどない、穏やかな生活が過ごせるよう、お祈りいたします。合掌。

法恩院住職　鳥沢　廣栄　拝

参考文献

増谷文雄『現代人の仏教1　智慧と愛のことば　阿含経』筑摩書房
宮坂宥勝『現代人の仏教2　真理の花たば　法句経』筑摩書房
紀野一義『佛典講座9　維摩経』大蔵出版
弘法大師「般若心経秘鍵」（『真言宗常用経典』より）

ISBN978-4-8013-0580-9　文庫判　本体 694 円 + 税

彩図社好評既刊本

べたーっと開いてなぞりやすい

般若心経

仏教とお経研究会 編

何ものにもとらわれず、心を穏やかにすること。そのための教えがつまった「般若心経」を、一文字一文字になぞってみませんか？　書家のお手本による全文と、現代語訳、語句の解説も収録。ノートのように開きやすいので、ストレスなく続けられます。

ISBN978-4-8013-0430-7　A5判　本体1000円＋税

著者紹介
鳥沢廣栄（とりざわ・こうえい）

1961年生まれ、岐阜県出身。

理系の大学へ入学するも、4年生のはじめに退学。

その後、高野山大学文学部密教学科へ編入。

卒業後、岐阜に戻り、法恩院の住職となる。

檀家のないお寺で、主に相談事、悩み事などを聞く毎日を過ごしている。

著書に『お坊さんが教える　イライラがスーッと消える方法』『お坊さんが教える　わずらわしい人間関係が楽になる方法』（彩図社）などがある。

イラスト：Loose Drawing

感情に折り合いをつける 仏教の言葉

2022年 10月 13日　第1刷

著　者　鳥沢廣栄

発行人　山田有司

発行所　株式会社彩図社
〒170-0005
東京都豊島区南大塚3-24-4 MTビル
TEL 03-5985-8213　FAX 03-5985-8224

URL：https://www.saiz.co.jp/
Twitter：https://twitter.com/saiz_sha
印刷所　新灯印刷株式会社

ISBN978-4-8013-0623-3 C0195